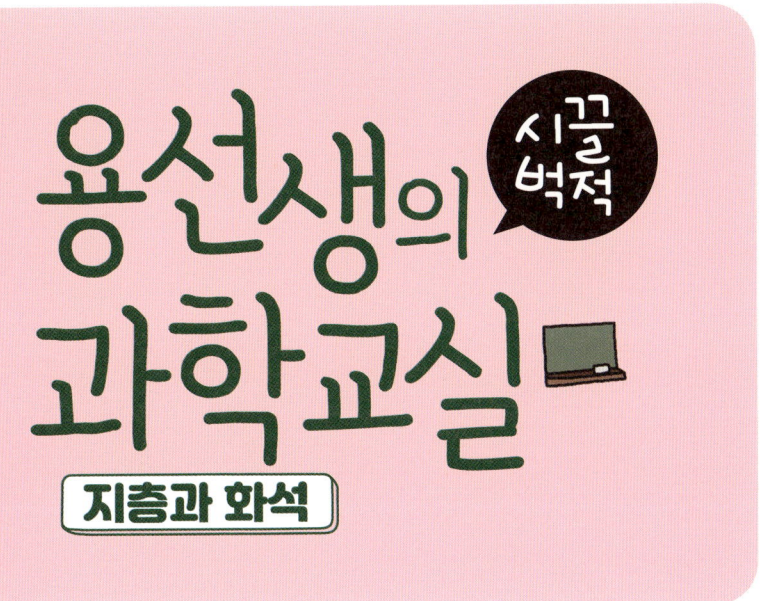

사회평론

글 사회평론 과학교육연구소
대학에서 오랫동안 과학을 연구한 전문가들이 모여, 우리 아이들이 쉽고 재미있게 공부할 수 있는 책을 만들고 있습니다.

글 김형진 (사회평론 과학교육연구소 연구원)
연세대학교 천문대기과학과를 졸업하고 같은 대학교 대학원에서 석사, 박사 학위를 받았습니다. 과학자를 꿈꾸는 아이들에게 올바른 과학 개념과 과학적 태도를 함께 키울 수 있는 방법을 전달하기 위해 노력하고 있습니다. 현재 사회평론 과학교육연구소 연구원으로 과학책을 만들고 있습니다.

글 이명화 (사회평론 과학교육연구소 연구원)
서울대학교 물리교육과를 졸업하고 같은 대학교 대학원에서 석사, 박사 학위를 받았습니다. 10여 년간 중학교에서 과학을 가르쳤으며, 미국 아리조나 주립대에서 물리학으로 박사 학위를 받고 독일, 미국, 영국에서 연구원으로 근무하였습니다. 쉽고 재미있는 과학책을 쓰는 일에 관심을 갖고 있으며, 현재 사회평론 과학교육연구소 연구원으로 과학책을 만들고 있습니다.

글 설정민 (사회평론 과학교육연구소 연구원)
서울대학교 생물학과를 졸업하고 같은 대학교 대학원에서 석사 학위를 받은 뒤 박사 과정을 수료하였습니다. 아이에게 과학을 쉽고 재미있게 얘기해 주려 노력하다 보니 어린이를 위한 책을 만드는 일에도 관심을 가지게 되었습니다. 현재 사회평론 과학교육연구소 연구원으로 과학책을 만들고 있습니다.

그림 조현상 (매드푸딩스튜디오)
미국 필라델피아에서 U-Arts를 졸업했습니다. 한국과 미국에서 동화, 일러스트레이션, 만화 등 다양한 작업을 하고 있습니다.
mad-pudding.com | instagram.com/madpuddingstudio

그림 김지희
만화가이자 일러스트레이터로 활동하고 있습니다. 그린 책으로 《드래곤빌리지 학습도감 13 : 해적앵무》, 《난생 처음 한번 공부하는 미술 이야기 5》, 《난생 처음 한번 공부하는 미술 이야기 6》 등이 있습니다.

감수 맹승호
서울대학교 지구과학교육과를 졸업하고 한국교원대학교 과학교육과 대학원에서 석사, 서울대학교 과학교육과 대학원에서 박사 학위를 받았습니다. 현재 서울교육대학교 과학교육과 교수로 재직 중입니다. 대화를 이용한 과학 학습에 많은 관심을 가지고 있습니다. 함께 지은 책으로 《일곱 빛깔 지구과학》, 《주말 지질 여행》 등이 있습니다.

캐릭터 이우일
홍익대학교에서 시각디자인을 공부한 만화가입니다. 그림책 작가인 아내 선현경, 딸 은서, 고양이 카프카와 함께 그림을 그리고 글을 쓰며 살고 있습니다. 지은 책으로 《우일우화》, 《옥수수빵파랑》, 《좋은 여행》, 《고양이 카프카의 고백》 등이 있고, 그린 책으로 《노빈손》 시리즈, 《용선생의 시끌벅적 한국사》 시리즈, 《교양으로 읽는 용선생 세계사》 시리즈 등이 있습니다.

용선생의 시끌벅적 과학교실

지층과 화석

글 사회평론 과학교육연구소 | 그림 조현상·김지희 | 감수 맹승호 | 캐릭터 이우일

우리 동네 뒷산에도 화석이 있을까?

사회평론

프롤로그

여러분, 안녕? 과학반을 맡은 용선생이야. 내 명성은 익히 들어 봤겠지? 역사반과 세계사반을 모두 훌륭하게 성공시키며 방과 후 교실 최고의 인기 교사가 된 그 용선생이란다. 교장 선생님께서 특별히 부탁하셔서 이번에는 과학반을 맡게 되었어. 어찌나 사정을 하시던지 도무지 거절할 수가 없었지 뭐야. 그래서 이 몸이 깜짝 놀랄 수업을 준비했단다.

우리의 수업은 언제나 질문과 함께 출발해. 세상을 둘러보다가 누군가 "저건 왜 그래요?" 하고 질문하면 바로 그 순간 수업이 시작되는 거지. 이제부터 용선생의 시끌벅적 과학교실을 제대로 즐기는 방법을 하나씩 알려 줄게.

첫째, 과학반 친구들과 함께 호기심을 갖고 질문해 봐. 과학을 어렵게만 생각하지 말고, 매 교시마다 아이들이 어떤 호기심을 가지는지 관심을 가져 봐. 과학반 친구들과 함께 '왜 그럴까?', '어떻게 알아낼 수 있을까?' 고민하다 보면 어렵던 과학도 쉽게 느껴질 거야.

둘째, 어려운 내용은 사진과 그림으로 이해해 봐. 어려운 과학 개념과 원리를 한 장의 사진이나 그림을 통해 단숨에 이해할 수도 있어. 그래서 너희를 위해 사진과 그림을 많이 준비했단다. 글을 읽다가 어렵다 싶으면 옆에 있는 사진과 그림을 봐. 잘 이해되지 않던 내용이 틀림없이 술술 이해될 거야.

셋째, 배운 내용을 되새기며 머릿속에 정리해 봐. 왁자지껄한 수업을 마치고 나면 뭘 배웠는지 정리가 안 될 때도 있을 거야. 그럴 때를 대비해 중간중간 핵심 정리를 준비했어. 또 배운 내용을 4컷 만화로 재미있게 요약해 두었지. 게다가 교시가 끝날 때마다 나선애의 정리노트도 마련했단다. 이 정도면 학습 정리는 문제없겠지?

과학은 분야도 다양하고 배울 내용도 아주 많아. 쉽게 이해할 수 있는 부분도 있지만, 여러 번 곰곰이 생각해 봐야 알 수 있는 부분도 있지. 이 책을 여러 번 다시 읽다 보면 구석구석 빠짐없이 모두 이해될 거야.

자, 이제 용선생의 시끌벅적 과학교실을 제대로 즐길 준비가 됐겠지? 그럼 신나는 수업을 시작해 볼까?

차례 | 지층과 화석

1교시 | 지층
땅에 보이는 거대한 줄무늬의 비밀은?

땅에 있는 줄무늬의 정체는? … 13
지층은 어떻게 생겨날까? … 15
지층에서 단서를 찾아라! … 20

나선애의 정리노트 … 24
과학퀴즈 달인을 찾아라! … 25

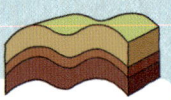

교과연계
초 4-1 지층과 화석 | 중 1 지권의 변화

2교시 | 화석
투명한 돌 속에 곤충이 갇힌 까닭은?

오래전에 살던 생물이 남긴 것은? … 29
화석은 이렇게 생겨나 … 33
화석을 어디에 쓰지? … 38

나선애의 정리노트 … 40
과학퀴즈 달인을 찾아라! … 41
용선생의 과학 카페 … 42
 - 화석 연료와 화석의 관계는?

교과연계
초 4-1 지층과 화석 | 중 1 지권의 변화

3교시 | 퇴적암
화석을 품고 있는 바위는 무엇일까?

화석을 발견하려면? … 47
화석이 발견되는 암석을 찾아라! … 50
화석이 많이 발견되는 퇴적암은? … 54

나선애의 정리노트 … 58
과학퀴즈 달인을 찾아라! … 59
용선생의 과학 카페 … 60
 - 화성암과 변성암도 궁금해요!

교과연계
초 4-1 지층과 화석 | 초 4-2 화산과 지진 |
중 1 지권의 변화

4교시 | 지층의 생성 순서

어느 지층이 먼저 생겼을까?

지층이 생겨난 순서는? ··· 65
지층을 보고 또 무엇을 알 수 있을까? ··· 67
지구의 역사책을 읽는 방법 ··· 70

나선애의 정리노트 ··· 74
과학퀴즈 달인을 찾아라! ··· 75

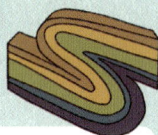

교과연계
초 4-1 지층과 화석 | 중 1 지권의 변화

6교시 | 지질 시대와 화석

어느 화석이 더 오래되었을까?

최초의 화석은 무엇일까? ··· 97
중생대와 신생대의 화석은? ··· 102
화석으로 이런 걸 알 수 있어! ··· 105

나선애의 정리노트 ··· 110
과학퀴즈 달인을 찾아라! ··· 111
용선생의 과학 카페 ··· 112
  - 삼엽충과 암모나이트는 어떤 생물일까?

교과연계
초 4-1 지층과 화석 | 중 1 지권의 변화

5교시 | 지질 시대

지구에서 공룡이 사라진 까닭은?

지구의 역사는 어떻게 구분될까? ··· 78
지질 시대의 실제 길이는? ··· 83
각 시대를 나누는 기준! ··· 85

나선애의 정리노트 ··· 90
과학퀴즈 달인을 찾아라! ··· 91
용선생의 과학 카페 ··· 92
  - 지각은 어떻게 생겨났을까?

교과연계
초 4-1 지층과 화석 | 중 1 지권의 변화

가로세로 퀴즈 ··· 114
교과서 속으로 ··· 116

찾아보기 ··· 118
퀴즈 정답 ··· 119

등장인물

용쓴다 용써!
용선생

- 체력 ★★★
- 지력 ★★★★★
- 감성 ★★★
- 호기심 ★★★★★
- 유머 ★★

열정이 가득한 과학 선생님. 하늘을 향해 거침없이 솟은 머리카락과 삐죽삐죽한 수염이 매력 포인트. 생생한 과학 수업을 하기 위해 물불을 가리지 않는다.

장하다 장해!
장하다

- 체력 ★★★★★
- 지력 ★
- 감성 ★★★★
- 호기심 ★★★★★
- 유머 ★★★★★

'튼튼하게만 자라 다오.'라는 아버지의 소원대로 튼튼하게 자랐다. 성격은 일등, 성적은 비밀이다. 시험을 못 봐도 씩씩하고 엉뚱한 질문으로 수업에 활력을 준다.

오늘도 나선다!
나선애

- 체력 ★★★★
- 지력 ★★★★
- 감성 ★★★
- 호기심 ★★★★★
- 유머 ★★★

과학자를 꿈꾸는 우등생. 공부도 잘하고 아는 게 많아서 모든 일에 앞장서는 타입이다. 겉으로는 차가워 보이지만 내심 따뜻한 면도 가지고 있다. 전혀 티가 안 나서 그렇지.

잘난 척 대장
왕수재

- 체력 ★★★
- 지력 ★★★★
- 감성 ★
- 호기심 ★★★★★
- 유머 ★

세상에서 자기가 제일 잘난 줄 안다. '천재는 외로운 법이고 질투의 대상인 법'이라나. 친구들에게 깐족거리는 데에도 천재적이다. 그래도 수업에는 늘 적극적으로 참여한다.

낭만 가득
허영심

체력 ★★★★★
지력 ★★★
감성 ★★★★★
호기심 ★★★★★
유머 ★★

감성이 풍부해도 너무 풍부하다. 떨어지는 낙엽이나 밤하늘의 별을 보며 눈물짓고, 조그만 벌레와 대화를 나누는 사차원 성격. 하지만 누구보다 정이 많고 낭만적이다.

과학반 귀염둥이
곽두기

체력 ★★★
지력 ★★★★
감성 ★★★★
호기심 ★★★★★
유머 ★★★★

형과 누나들의 귀여움을 독차지하는 과학반 막내. 나이도 가장 어리고 타고난 동안이라 언뜻 보면 유치원생 같다. 훈장 할아버지 덕에 어려운 단어를 줄줄 꿰고 있다.

우리를 찾아봐!

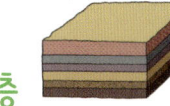
지층
자갈, 모래, 진흙 같은 알갱이들이 굳어 층을 이루고 있는 것을 말해.

화석
아주 오래전에 살던 생물의 몸체나 생물이 생활한 흔적이 암석에 남아 있는 것을 말해.

퇴적암
퇴적물이 오랜 시간에 걸쳐 단단하게 굳어 만들어진 암석이야.

산호
얕고 따뜻한 바다에 사는 생물로, 고생대에 처음 나타나 지금도 살고 있어.

삼엽충
고생대 바다에서 살던 동물로, 몸이 여러 개의 마디로 이루어져 있어.

공룡
중생대에 지구를 지배한 파충류로, 운석 충돌로 멸종했어.

"이것 봐라!"

왕수재가 교실로 들어와 사진을 들고 흔들자 아이들이 모여들었다.

"우아, 멋지다. 어디서 찍은 거야?"

"주말에 바닷가로 가족 여행을 다녀왔는데, 절벽이 멋져서 찍어 왔지."

"직접 보면 더 근사하겠다."

사진을 자세히 보던 곽두기가 고개를 갸웃했다.

"근데 절벽에 줄무늬 같은 게 보여."

"그러게. 꼭 얇은 바위를 여러 개 쌓아 놓은 것 같기도 하고."

나선애도 맞장구를 쳤다.

"이건 도대체 뭘까?"

"글쎄? 선생님 오시면 여쭤보자."

땅에 있는 줄무늬의 정체는?

"선생님, 수재가 신기한 사진을 가져왔어요."
용선생이 과학실에 들어서자 나선애가 얼른 말했다.
"어디 보자. 주말에 격포리 해안에 다녀왔나 보구나."
"맞아요! 어떻게 아셨어요?"
왕수재가 눈을 동그랗게 뜨며 물었다.
"하하, 격포리 해안은 지층을 뚜렷이 볼 수 있는 곳으로 유명하거든."
"지층이요? 그게 뭐예요?"
"그렇다면 오늘은 지층에 대해 자세히 알아봐야겠구나. 우선 지층의 뜻부터 알아보자. 지층은 자갈, 모래, 진흙 같은 알갱이들이 굳어 층을 이루고 있는 걸 말해. 보통 층과 층의 색이 달라서 줄무늬처럼 보이지."
"아하, 사진에 나온 게 지층이군요."

▲ **격포리 해안 위치** 전라북도 서해안에 있어. 채석강이라고도 불리지.

▼ 지층

"그래. 지층을 이루는 각 층의 두께는 얇은 경우엔 몇 mm(밀리미터)밖에 안 될 때도 있지만, 두꺼운 경우에는 수백 m(미터)에 이르기도 한단다."

"제가 찍어 온 사진도 층마다 두께가 조금씩 달라요!"

왕수재의 말에 용선생이 고개를 끄덕이며 말했다.

"수재가 사진을 찍어 온 곳은 바닷가의 절벽이야. 지층을 흔히 볼 수 있는 곳이지. 또 산기슭이나 도로 공사를 위해 산을 깎아 놓은 부분에서도 지층을 볼 수 있어."

"아, 할머니 댁에 갈 때 도로 옆 길가에서 본 것 같아요."

"그랬구나. 지층은 층의 두께뿐만 아니라 모양도 아주 다양하단다. 사진으로 확인해 보자."

▲ **지층의 두께** 지층의 각 층은 두께가 조금씩 달라.

▲ **여러 가지 모양의 지층**

"첫 번째 사진은 좀 전에 본 것과 비슷해요."

"그렇지? 첫 번째 사진은 지층의 모양이 가로로 평평한 줄무늬를 이루고 있어. 이에 비해 두 번째 사진과 세 번째 사진의 지층은 조금 다르지?"

그러자 곽두기가 얼른 말했다.

"두 번째 사진은 지층이 뚝뚝 끊어진 것처럼 보여요."

"그리고 세 번째 사진은 지층이 구불구불하게 구부러져 있고요."

"잘 봤어. 이처럼 지층의 모양은 다양해. 하지만 여러 가지 알갱이들이 굳어 층을 이루고 있다는 점은 같지."

핵심정리

자갈, 모래, 진흙 같은 알갱이들이 굳어 층을 이루고 있는 걸 지층이라고 해. 지층의 모양은 가로로 평평한 모양, 끊어진 모양, 구불구불한 모양 등 다양해.

지층은 어떻게 생겨날까?

"지층이 뭔지는 알겠는데요, 어떻게 생겨나는 거예요?"

나선애가 조용히 묻자 용선생이 살짝 웃으며 말했다.

"아주 좋은 질문이야. 이제 지층이 어떻게 생겨나는지 알아보자."

용선생은 새로운 사진을 띄웠다.

▲ 지층을 확대한 모습

층마다 알갱이의 크기나 색깔이 달라.

"이 사진은 지층의 일부분이야. 각 층을 확대한 부분에 뭐가 보이니?"

왕수재가 얼른 손을 들고 말했다.

"알갱이들이 보여요. 근데 층에 따라 알갱이가 달라요."

"그렇지. 알갱이들의 크기나 색깔이 어떻게 다르니?"

"작은 알갱이도 있고, 큰 알갱이도 있어요."

"회색 알갱이도 보이고, 노르스름한 알갱이도 보여요."

아이들이 앞다투어 말했다.

"맞아. 지층은 자갈이나 모래, 진흙 등으로 이루어진다고 했지? 이처럼 각 층을 이루는 알갱이의 크기와 색깔이 달라서 지층이 전체적으로 줄무늬를 이루는 거란다. 그런데 말이야, 지층을 이루는 알갱이들은 주로 강 상류에서 흘러온 것들이야."

"강 상류에서요? 거기에 알갱이들이 많아요?"

"강 상류에서는 물이 땅을 깎아내는 작용이 활발히 일어나서 알갱이들이 많이 생겨나."

"물이 땅을 깎아낸다고요?"

"응. 강 상류는 경사가 급하고 강폭이 좁아 물이 빠르게 흘러. 이렇게 빠른 물살에 땅이 깎여 자갈, 모래, 진흙 같은 작은 알갱이들이 생기는 거야. 이러한 작용을 침식 작용이라고 해."

"아하, 강 상류에서 자갈이나 모래 같은 알갱이가 생기는 거군요."

"그렇지. 이렇게 생겨난 알갱이들은 강물을 타고 강 하류

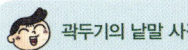

상류 윗 상(上) 흐를 류(流). 강이나 개천이 시작되는 곳과 가까운 위쪽 부분을 말해.

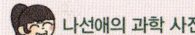

침식 잠길 침(浸) 갉아먹을 식(蝕). 흐르는 물, 바람 등이 땅을 깎는 것을 말해.

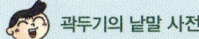

하류 아래 하(下) 흐를 류(流). 강이나 개천의 아래쪽 부분을 말해.

▲ **강 상류의 모습** 경사가 급하고 강폭이 좁아.

나선애의 과학 사전

퇴적 쌓을 퇴(堆) 쌓을 적(積). 돌 부스러기 등이 흐르는 물 등에 운반되어 일정한 곳에 쌓이는 것을 말해.

용선생의 과학 현미경

사실 침식 작용과 퇴적 작용은 강 전체에서 모두 일어나. 하지만 강 상류에서는 퇴적 작용보다 침식 작용이 활발하고, 강 하류에서는 침식 작용보다 퇴적 작용이 활발해.

쪽으로 운반된단다. 이것은 운반 작용이라고 해."

"운반은 무언가를 옮긴다는 뜻이니까 운반 작용이라고 하는 거죠?"

곽두기가 자신 있게 말했다.

"맞아. 강 하류에 도착한 알갱이들은 바닥에 쌓이기 시작해. 이러한 작용은 퇴적 작용이라고 하지. 또 바닥에 쌓이는 자갈, 모래, 진흙 같은 알갱이는 퇴적물이라고 한단다."

"근데 왜 알갱이들이 강 하류에서 바닥에 쌓여요?"

"강 하류는 경사가 완만하고 강폭도 넓어서 물이 천천히 흐르기 때문이야. 물이 빠르게 흐르면 알갱이들이 바닥으로 잘 가라앉지 못하고 물에 실려 떠내려가지만, 물이 천천히 흐르면 알갱이들이 바닥에 가라앉아 쌓이는 퇴적 작용이 활발히 일어날 수 있어."

"오호, 워터 파크에서 슬라이드를 타고 내려올 때와 비슷하군요."

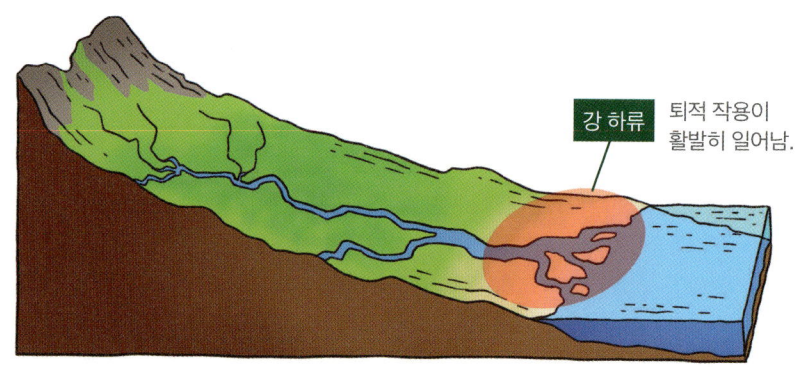

▲ **강 하류의 모습** 경사가 완만하고 강폭이 넓어.

"응. 같은 까닭으로 강 하류뿐 아니라 매우 큰 호수, 바다 등에서도 퇴적 작용이 활발히 일어나지."

아이들이 고개를 끄덕였다.

"강 하류에서 자갈, 모래, 진흙 같은 알갱이들이 가라앉아 계속 쌓이면, 위에 새롭게 쌓이는 알갱이들이 아래에 먼저 쌓인 알갱이들을 누르겠지? 이런 식으로 알갱이들이 위에서 누르는 힘을 오랫동안 받으면 결국 단단한 지층이 돼. 지층이 생겨나기까지 짧게는 몇 만 년에서 길게는 몇 억 년까지 아주 오랜 시간이 걸려."

① 물에 운반된 자갈, 모래, 진흙 등이 쌓여.

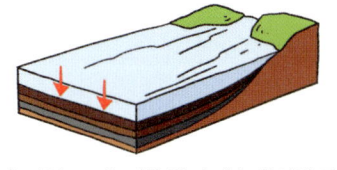

② 자갈, 모래, 진흙 등이 계속 쌓이면 먼저 쌓인 것들이 눌려.

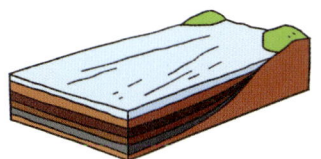

③ 오랜 시간이 지나면 단단한 지층이 만들어져.

◀ 지층이 생겨나는 과정

 핵심정리

강 상류에서 침식 작용으로 생겨난 알갱이들은 강물에 운반되어 하류로 온 뒤 퇴적되어 오랜 시간에 걸쳐 지층이 돼.

 ## 지층에서 단서를 찾아라!

"어쨌든 지층은 물속에서 생기는 거네요?"

나선애가 묻자 용선생이 활짝 웃으며 말했다.

"맞아! 따라서 지층을 포함한 땅이 물 위로 솟아오른 다음, 비바람이나 파도 등에 깎여 지층이 밖으로 드러나야 비로소 우리가 지층을 볼 수 있단다."

"땅이 물 위로 솟아오른다고요?"

"응. 지구의 땅은 오랜 시간에 걸쳐 위로 솟아오르기도 하고, 아래로 가라앉기도 하거든."

▲ **지층이 드러나는 과정** 지층을 포함한 땅이 물 위로 솟아오른 뒤 일부분이 깎이면 밖으로 드러나.

"오호, 그렇군요. 그럼 땅이 깎이지 않은 경우에는요?"

"그 경우에는 땅속에 지층이 그대로 있겠지? 어쩌면 우리가 지금 밟고 있는 땅속에도 지층이 있을 수 있어."

"어머! 신기해요."

허영심이 손뼉을 짝 치며 말했다.

"그래서 파도가 땅을 깎아 생긴 바닷가의 절벽이나, 산 일부분이 깎인 산기슭 등에서 지층을 흔히 볼 수 있는 거야."

"아하, 그렇군요."

용선생은 잠시 쉬었다가 설명을 계속했다.

"땅을 연구하는 과학자들은 지층을 이용해서 많은 것들

을 알아낸단다."

"어떤 걸 알아내는데요?"

"좀 전에 지층은 물속에서 생긴다고 했지?"

"네. 물속에서 알갱이들이 퇴적되어 생기죠."

"그러니까 지금은 지층이 물 밖에 드러나 있다고 해도, 지층이 있는 지역은 과거에 한 번 이상 물속에 잠겨 있었다는 걸 알 수 있지."

"아하, 그렇다면 수재가 사진을 찍어 온 곳도 먼 옛날에는 물속에 잠겨 있었겠네요."

"그렇지. 먼 옛날에 물속에서 지층이 생겨났고, 물 위로 솟아오른 뒤 파도에 깎여 지층이 드러난 거란다."

"이야, 지층이 정말 쓸모가 있네요. 지층으로 또 어떤 걸 알 수 있어요?"

"지층이 생성되는 과정을 생각해 보자. 지층에서 위에 있는 층과 아래에 있는 층 중 어느 게 먼저 생겼을까?"

"그야 당연히 아래에 있는 층이죠. 알갱이들이 땅을 뚫고 들어가서 쌓일 수는 없으니까요."

"맞아. 그래서 대부분의 경우, 지층에서 어느 층이 먼저 생성되었는지 알 수 있어. 아래에 있는 층이 먼저 생긴 층이고 위에 있는 층이 나중에 생긴 층이지."

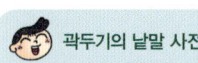

곽두기의 낱말 사전

생성 날 생(生) 이룰 성(成). 사물이 생겨난다는 뜻이야.

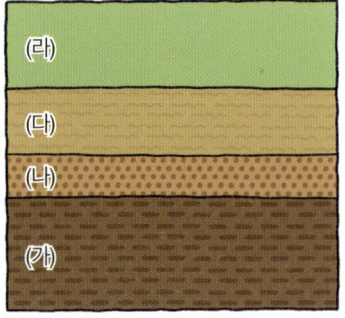

▲ **지층이 생성된 순서** (가)층이 가장 먼저 생겼고, 그 위에 (나), (다), (라) 층이 순서대로 생겼어.

"그렇겠네요. 그런데 어느 층이 먼저 생겼는지는 알아서 뭐 해요?"

"지층이 생성된 순서를 알면, 지층의 각 층에 포함된 알갱이나 층의 두께 등을 보면서 지층이 시간에 따라 어떤 일을 겪었는지를 알아낼 수 있어. 이러한 지식을 종합하면 지구의 역사를 연구하는 데에도 도움이 되지."

"오호, 그렇군요."

"또 아까 살펴본 지층의 모양에서 지층이 끊어지거나 구부러진 걸 볼 수 있었지?"

"네, 기억나요."

"그건 지층이 힘을 받았기 때문이야. 지층이 양옆에서 누르거나 당기는 힘을 받으면 지층이 구부러지기도 하고, 끊어지기도 하지."

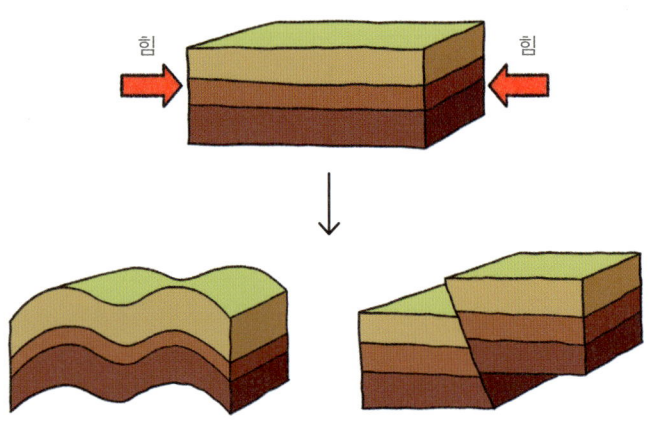

▲ **지층이 양쪽에서 누르는 힘을 받을 때** 지층이 힘을 받으면 구부러지고, 그 힘을 더 이상 견디지 못하면 끊어져.

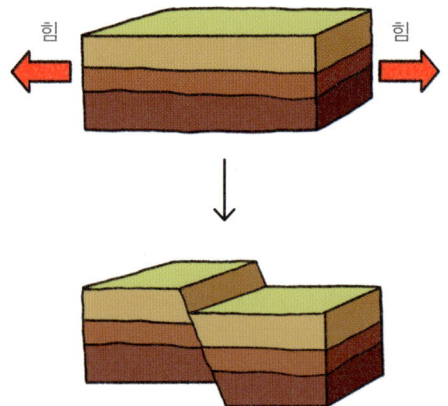

▲ **지층이 양쪽으로 당기는 힘을 받을 때** 주로 지층이 끊어져.

"그런 힘은 왜 생기는데요?"

"좀 전에 지구의 땅은 오랜 시간에 걸쳐 위나 아래로 움직인다고 했지? 지구의 땅은 앞뒤나 좌우로도 천천히 움직인단다. 지층이 포함된 땅이 움직이면서 힘을 받으면 지층이 구부러지기도 하고 끊어지기도 하는 거야."

"그러면 지층이 구부러지거나 끊어진 걸 보고 땅이 어느 방향으로 힘을 받았는지 알 수 있겠네요."

"맞아. 아주 예리한걸?"

용선생이 수업을 마치는데 장하다가 배를 문지르며 말했다.

"아휴, 지층 사진을 많이 보았더니 샌드위치가 먹고 싶어요. 지층이 꼭 샌드위치처럼 생겼잖아요. 배도 고픈데 간식으로 샌드위치 어때요?"

"좋아. 선생님도 출출하던 참이었어. 재료를 챙겨 올 테니 함께 만들어 먹자!"

"이야, 선생님 최고!"

핵심정리

지층이 있는 지역은 과거에 한 번 이상 물속에 잠겨 있던 지역이라는 걸 알 수 있어. 지층의 각 층이 생성된 순서도 알 수 있지. 또 지층이 구부러지거나 끊어진 모양을 보고 땅이 힘을 받은 방향도 알 수 있어.

나선애의 정리노트

1. 지층
① 자갈, 모래, 진흙 같은 알갱이들이 굳어 층을 이루고 있는 것
② 모양: 가로로 평평한 모양, 끊어진 모양, 구불구불한 모양 등 다양함.

2. 지층의 생성
① 침식 작용 → 운반 작용 → 퇴적 작용을 거쳐 지층이 생성됨.
- ⓐ_____ 작용: 강 상류에서 빠른 물살에 땅이 깎여 자갈, 모래, 진흙 같은 작은 알갱이들이 생겨남.
- ⓑ_____ 작용: 침식 작용으로 생겨난 알갱이들이 강물을 타고 하류 쪽으로 운반됨.
- ⓒ_____ 작용: 강 하류에서 물살이 느려지면 알갱이들이 바닥에 쌓임.

3. 지층의 이용
① 지층이 있는 지역은 과거에 한 번 이상 ⓓ_____ 속에 잠겨 있던 지역이라는 걸 알 수 있음.
② 지층의 각 층이 생성된 ⓔ_____ 를 알 수 있음.
③ 지층이 구부러지거나 끊어진 모양을 보고 땅이 힘을 받은 방향을 알 수 있음.

ⓐ 침식 ⓑ 운반 ⓒ 퇴적 ⓓ 물 ⓔ 순서

과학퀴즈 달인을 찾아라!

●정답은 119쪽에

01

친구들이 이번 시간에 배운 내용에 대해 이야기하고 있어. 옳으면 O, 옳지 않으면 X를 표시해 줘.

① 지층은 바닷가의 절벽에서만 볼 수 있어. (   )
② 지층이 힘을 받으면 구부러지는 경우도 있어. (   )
③ 퇴적물이 큰 호수나 바다 바닥에 쌓이면 바로 지층이 돼. (   )

02

아래 보기 의 괄호 속에 들어갈 낱말들이 네모 칸에 숨어 있어. 가로, 세로, 대각선으로 연결해서 괄호 속에 들어갈 낱말을 찾아봐.

> 보기
>
> 강 상류에서는 주로 (   ) 작용으로 작은 알갱이들이 생겨나.
> 이 알갱이들이 강물을 타고 하류 쪽으로 운반되는 것을 (   ) 작용이라고 해.
> 알갱이들이 강 하류에 도착하면 바닥에 쌓이는 (   ) 작용이 일어나.

참	석	침	첨	운
퇴	석	식	슥	분
슥	삭	온	운	반
퇴	태	번	은	빈
전	적	운	정	퇴

2교시 | 화석

투명한 돌 속에 곤충이 갇힌 까닭은?

이건 무슨 돌이지? 투명하고 예쁘게 생겼네.

잘 봐! 안에 곤충이 갇혀 있어!

"선애야, 얼른 와 봐."

나선애가 과학실로 들어서는데, 허영심이 작은 목소리로 불렀다.

"왜? 무슨 일인데?"

"교탁 위에 신기한 게 있어. 선생님이 수업에 쓰려고 준비해 놓으신 거 같아."

"오오, 투명하고 노란 돌이네. 오늘 뭘 배우길래 이런 걸 준비하셨지?"

어느새 과학실에 도착한 아이들이 모두 교탁 주위에 모여들었다.

"어? 이 안에 작은 티끌 같은 게 있어."

"티끌이 아니라 곤충 같은데? 자세히 봐."

"곤충 맞네! 어째서 곤충이 돌 안에 들어가 있는 걸까?"

아이들이 고개를 갸웃하며 웅성거렸다.

오래전에 살던 생물이 남긴 것은?

"오늘 수업 준비물을 벌써 보고 있었구나."

용선생의 목소리에 아이들이 깜짝 놀라 고개를 들었다.

"아이, 선생님. 깜짝 놀랐잖아요."

그때 나선애가 손을 살짝 들고 말했다.

"오늘 수업 주제가 대체 뭐예요?"

"하하, 오늘 주제는 바로 화석이란다."

곽두기가 눈을 동그랗게 뜨며 물었다.

"화석이요? 제가 아는 화석은 공룡 뼈 같은 건데, 이건 공룡 뼈랑은 전혀 다르게 생겼어요."

"화석의 종류는 아주 다양해. 너희가 보고 있는 것도 화석의 일종이야."

"그래요? 사실…… 화석이라는 말은 익숙한데 정확히 뭔지는 모르겠어요."

"그러면 화석의 뜻부터 짚어 볼까? 화석은 아주 오래전에 살던 생물의 몸체나 생물이 생활한 흔적이 암석에 남아 있는 것을 말해."

"생물의 몸체라면 공룡 뼈 같은 걸 말하는 걸 테고…… 생물이 생활한 흔적은 뭐예요?"

 곽두기의 낱말 사전

몸체 사물의 몸이 되는 부분을 말해.

 나선애의 과학 사전

암석 바위 암(巖) 돌 석(石). 지구의 땅을 이루는 단단한 바윗덩어리를 말해.

  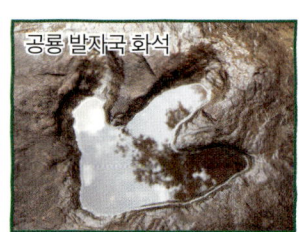 

▲ 여러 가지 화석

용선생은 가만히 미소를 띠고는 사진을 띄웠다.

"이게 다 화석이에요? 종류가 정말 다양하네요."

"그렇지? 공룡 뼈 모양으로 볼록 튀어나온 화석도 있고 나뭇잎 모양으로 움푹 들어간 화석도 있어. 이건 생물의 몸체가 화석이 된 경우야. 또 어떤 게 보이니?"

장하다가 사진을 가리키며 말했다.

"꼭 공룡 발자국처럼 생긴 화석도 있어요!"

"그 옆에 사진은 새 발자국 같고요."

"잘 봤어. 이렇게 동물의 발자국이나 기어간 자국처럼 생물이 생활하면서 남긴 흔적도 화석으로 남아 있는 경우가 많단다."

"그렇군요. 어쨌든 화석은 '될 화(化)', '돌 석(石)' 자를 쓰니까, 화석은 단단한 돌이죠?"

곽두기가 자신 있는 표정으로 물었다.

"꼭 그렇지는 않아. 화석은 대부분 단단한 돌이지만, 그렇지 않은 화석도 있거든. 이 사진을 봐."

용선생이 사진을 띄우자 허영심이 말했다.

"어머, 신기해라. 꼭 코끼리처럼 생겼어요."

"이건 매머드라는 동물의 화석이야. 몹시 추운 극지방 근처에서 발견되지. 가죽과 근육 등이 그대로 보존되어 있어."

"오호, 단단한 돌이 아닌 화석도 있군요."

그때 나선애가 손을 번쩍 들고 말했다.

"교탁 위에 있는 노란 돌도 화석이라고 하셨죠? 무슨 화석이에요?"

"이건 호박 화석이라고 해. 호박은 소나무 등에서 나온 송진이 오랫동안 단단하게 굳은 거야. 호박 화석은 송진 속에 우연히 곤충 같은 작은 생물이 빠져서 함께 굳어 생긴 거란다."

▲ 매머드 화석

곽두기의 낱말 사전

보존 지킬 보(保) 있을 존(存). 잘 지켜서 남아 있게 한다는 뜻이야.

곽두기의 낱말 사전

호박 호박 호(琥) 호박 박(珀). 아주 오래전 나무에서 나온 끈적한 액체가 굳어져 생긴 단단한 덩어리야. 장식품으로 많이 쓰여.

송진 소나무 송(松) 진액 진(津). 소나무 등에서 나오는 끈적끈적한 액체를 말해.

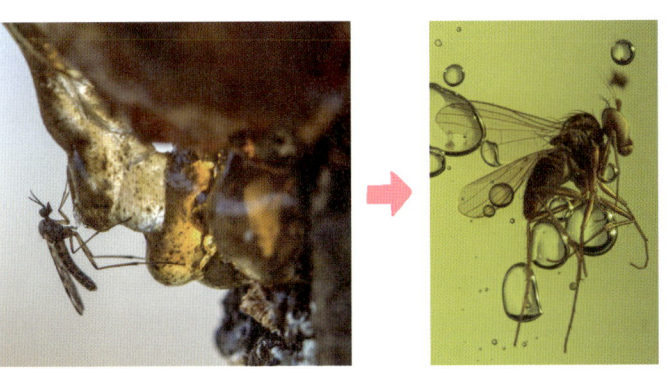

◀ **호박 화석이 생기는 과정** 곤충 같은 작은 생물이 우연히 송진에 빠진 뒤 굳어서 생겨. 호박 속에 갇힌 작은 생물은 썩지 않고 수천만 년 정도가 지나도 모양이 그대로 보존돼.

"세상에! 호박 속에 화석이 있다는 게 정말 신기해요."

용선생이 빙긋이 웃으며 새로운 사진을 띄우자 왕수재가 말했다.

▲ **고인돌** 주로 청동기 시대에 만들어진 무덤이야.

"어, 이건 고인돌 사진이잖아요."

"알고 있구나. 고인돌은 아주 오래전에 살던 사람들이 돌로 만든 무덤이야. 그렇다면 고인돌은 화석일까?"

"아주 오래전에 살던 사람들이 남긴 거니까…… 고인돌도 화석이 아닐까요?"

"그렇지 않아. 고인돌은 옛날에 살았던 생물의 몸체나 생물이 생활한 흔적이 아니라, 사람이 만든 거니까 화석이 아니야. 또한 오늘날 사람이나 동물이 모래 위에 남긴 발자국도 오래전 것이 아니라 화석이라 하지 않아."

"오호, 화석이 아닌 걸 알고 나니 어떤 게 화석인지 분명히 알겠어요."

 핵심정리

화석은 아주 오래전에 살던 생물의 몸체나 생물이 생활한 흔적이 암석에 남아 있는 것을 말해. 매머드 화석이나 호박 화석처럼 특이한 것도 있어.

화석은 이렇게 생겨나

"근데요, 화석은 어떻게 생겨나는 거예요?"

용선생이 기다렸다는 듯이 손뼉을 짝 치며 말했다.

"지금부터 함께 알아보자. 일단 화석이 된 생물은 모두 죽은 생물이지?"

"그야 당연하죠."

"그런데 옛날에 살았던 생물이 죽은 뒤에 모두 화석으로 남는 건 아니야. 생물은 대부분 죽으면 썩어서 없어져. 죽은 생물이 썩어 없어지는 까닭은 주변에 있는 미생물 때문이야. 미생물이 죽은 생물의 몸을 분해하거든."

"오호, 미생물 때문에 죽은 생물이 썩는군요."

"따라서 화석이 되려면 생물이 죽은 다음, 흙과 같은 퇴적물에 빨리 묻혀야 해. 그래야 미생물을 최대한 막을 수 있고 다른 동물의 먹이가 되는 것도 피할 수 있거든."

"근데 죽은 생물이 퇴적물에 어떻게 묻혀요? 죽으면 땅 위에 그대로 있을 것 같은데……."

"생물이 죽은 뒤 여러 가지 이유로 물속에 가라앉으면 물에 실려 온 퇴적물에 빠르게 묻힐 수 있지."

"그럼 화석은 물속에서 많이 생기겠네요?"

 나선애의 과학 사전

미생물 눈에 보이지 않을 정도로 작은 생물을 말해.

 곽두기의 낱말 사전

분해 나눌 분(分) 풀 해(解). 어떤 물질을 더 작게 나누거나 쪼개는 것을 뜻해.

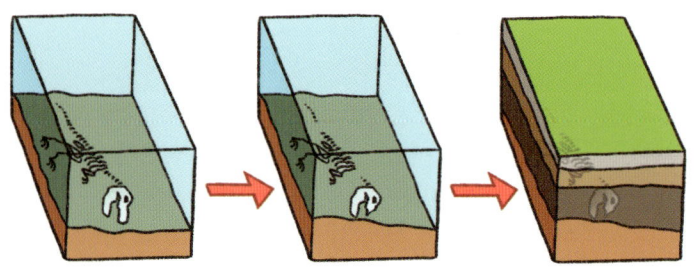

▲ 화석이 만들어지는 과정

나선애의 과학 사전

화산재 화산이 폭발할 때 나오는 아주 작은 돌 알갱이를 말해.

"맞아. 바다나 큰 호수 같은 곳에서 화석이 많이 생겨."

"근데 죽은 생물이 물속에 가라앉아야만 화석이 되나요?"

곽두기가 머리를 긁적이며 물었다.

"대부분은 그렇지. 하지만 물속이 아닌 곳에서도 화석이 만들어질 수는 있어. 화산이 폭발할 때 화산재가 나오는데, 화산재가 엄청나게 많이 쌓인 곳에서도 화석이 발견되거든. 또 사막에서 바람에 실려 온 모래가 죽은 생물을 덮어 화석이 만들어지기도 한단다."

아이들이 "그렇군요." 하며 고개를 끄덕였다.

"한편 앞에서 본 매머드 화석이 나온 극지방은 몹시 추워 미생물이 매우 적고, 그나마 있는 미생물의 활동도 매우 느려. 따라서 매머드의 몸이 거의 썩지 않고 그대로 화석이 되었지."

"매머드 화석이 그렇게 해서 만들어졌군요."

"호박 화석도 끈적끈적한 송진이 미생물을 막아 줘서 그 속에 있는 곤충 같은 작은 생물이 썩지 않고 그대로 남아 화석이 된 거야."

나선애가 노트 필기를 멈추고 말했다.

"그러니까 죽은 생물 주변에 미생물이 거의 없어서 생물이 썩어 없어지지 않는 게 중요하군요."

"맞아. 그런데 중요한 조건이 한 가지 더 있어. 몸에 단단한 부분이 있어야 화석이 되기 좋아."

"단단한 부분이라면…… 뼈나 껍데기 같은 부분이요?"

"그렇지. 퇴적물에 파묻혀 미생물을 어느 정도 막았다 할지라도, 퇴적물 속에도 미생물이 있어서 살처럼 연한 부분은 결국 썩어 없어지거든."

"흠, 화석이 쉽게 만들어지는 게 아니네요. 그러면 생물이 퇴적물에 묻히고 나면 바로 화석이 되나요?"

용선생은 고개를 가로젓고 설명을 계속했다.

"일단 생물이 퇴적물에 묻히면, 퇴적물 속에 남은 생물의 단단한 부분은 오랜 시간에 걸쳐 돌로 변해."

"생물의 단단한 부분이 돌로 변한다고요?"

"응. 퇴적물을 이루는 성분이 생물의 단단한 부분에 있는 아주 작은 구멍에 스며들면서 뼈나 껍데기의 성분이 서서히 바뀌어 화석이 된단다. 이렇게 생겨난 화석은 생물의 겉모습뿐 아니라 내부 구조도 어느 정도 남아 있어."

그러자 왕수재가 무릎을 탁 치며 말했다.

▲ 단단한 껍데기 부분에 퇴적물 성분이 스며들어 생긴 화석 겉모습뿐 아니라 껍데기 내부 구조도 남아 있어.

"아하! 그러니까 공룡 뼈 화석은 뼈가 그대로 남은 게 아니라 뼈 모양의 돌이네요."

"그렇지. 그런데 화석은 이러한 과정으로만 생겨나는 건 아니야. 예를 들어, 지층 속에 생긴 화석 주변에 지하수가 흐르고 있다면, 화석이 지하수에 모두 녹아서 원래 화석의 겉모습과 똑같은 형태로 움푹 들어간 모양의 화석이 되기도 하거든."

용선생은 그림을 띄우고는 설명을 계속했다.

"또 이렇게 생겨난 화석 위에 새로운 퇴적물이 쌓이면 볼록 튀어나온 모양의 화석이 되기도 해. 이러한 화석들로는 생물의 겉모습만 알 수 있어. 이 외에도 화석이 만들어지는 방법은 여러 가지란다."

"오호, 그렇군요."

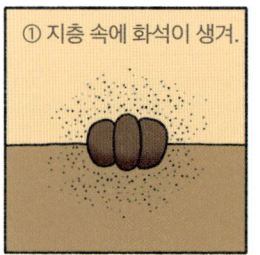
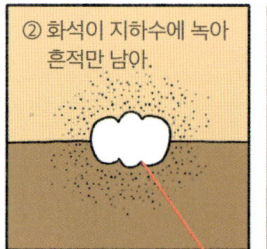
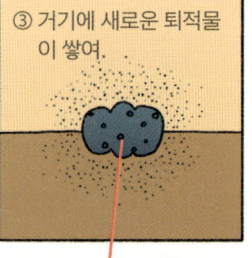

▲ 움푹 들어간 모양의 화석과 볼록 튀어나온 모양의 화석이 만들어지는 과정의 예

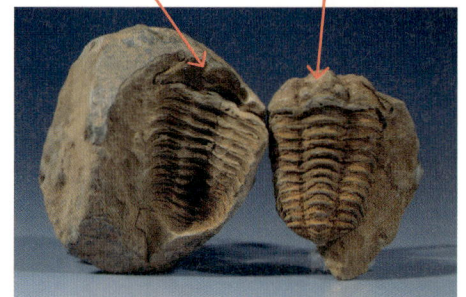

"지금까지 배운 내용을 간단히 정리해 볼까? 화석이 되기 위해서는 생물이 죽은 뒤 빠르게 퇴적물에 묻혀야 하고, 단단한 부분이 있는 게 좋아. 따라서 죽은 생물이 화석이 되기는 무척 어렵다고 할 수 있어."

그때 나선애가 노트를 넘기며 말했다.

"퇴적물이 쌓이고, 단단히 굳어지고…… 화석이 만들어지는 과정은 지층이 만들어지는 과정과 비슷하네요."

"오, 정말 예리한걸? 지층이 생길 때 죽은 동물이 함께 퇴적되면 화석이 되는 거야. 그래서 화석은 대부분 지층에서 발견된단다. 화석이 땅속에 묻혀 있다가 지층의 일부분이 깎이면 화석도 땅 밖으로 드러나지."

"아하, 그런 거군요."

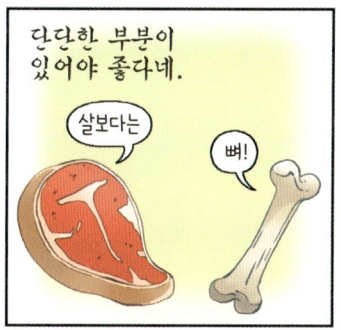

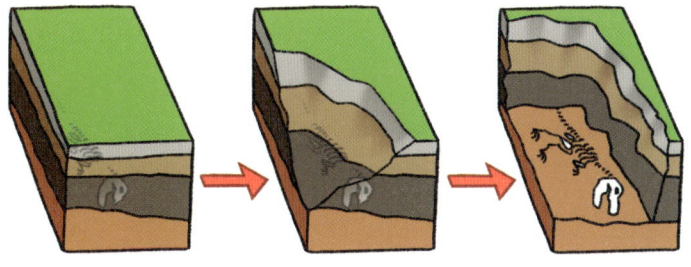

▲ 화석이 발견되는 과정

 핵심정리

화석이 되려면 생물이 죽은 뒤 퇴적물에 빨리 묻혀야 해. 또 몸에 단단한 부분이 있어야 화석이 되기 좋아.

화석을 어디에 쓰지?

아이들이 화석 사진을 보고 있는데 허영심이 물었다.

"박물관에 가 보니 화석이 엄청나게 많던데, 과학자들은 왜 그렇게 화석을 모으는 거예요?"

그러자 왕수재가 얼른 끼어들었다.

"그야 신기하니까 그런 거 아니겠어? 멋지기도 하고."

"하하, 수재 말도 맞아. 하지만 과학자들은 화석을 이용해서 지구의 역사에 관한 여러 가지 사실을 밝혀낸단다."

"화석으로 뭘 알 수 있는데요?"

"우선 옛날에 살았던 생물의 종류와 생김새 같은 걸 알 수 있지."

"아하, 공룡처럼요?"

"그렇지. 공룡 화석을 보고 일단 공룡이라는 생물이 살았다는 걸 알 수 있어. 또 각 공룡의 생김새도 알 수 있고, 먹이나 살던 곳 같은 생활 모습도 알아낼 수 있지."

"티라노사우루스는 다른 동물을 먹었고, 이구아노돈은 식물을 먹었다던데, 그

▲ **티라노사우루스 화석** 날카로운 이빨과 강한 턱뼈를 보면 다른 동물을 잡아먹고 살았다는 걸 알 수 있어.

▲ **이구아노돈 화석** 날카로운 이빨이나 단단한 턱뼈가 없는 것으로 보아 식물을 먹고 살았다는 걸 알 수 있어.

게 화석을 보고 알아낸 거군요."

"맞아. 두기가 공룡 박사구나. 그런데 앞에서 알아보았듯이 죽은 생물이 화석으로 남기란 쉽지 않아. 따라서 오늘날 화석으로 남아 있는 생물은 과거에 그만큼 수가 많았던 생물이라는 것도 알 수 있지."

"생물의 수가 많을수록 화석으로 남을 가능성이 클 테니까요. 또 어떤 걸 알 수 있어요?"

"화석은 지층에서 생긴다고 했어. 그래서 지층이 생길 당시의 환경을 알 수도 있지. 예를 들어, 조개는 얕은 바다에 살지? 따라서 조개 화석이 나오는 지층은 오래전에 얕은 바다에서 생성되었다는 걸 알 수 있어. 이 외에도 화석의 쓰임새는 아주 다양하단다."

▲ **조개 화석** 얕은 바다에 살던 조개들이 그대로 화석이 되었어.

"과학자들이 화석을 찾으러 다니는 이유가 있었네요. 앞으로는 저도 화석을 좀 더 진지하게 관찰해야겠어요."

"아주 좋은 태도야. 껄껄."

화석으로 옛날에 살던 생물의 종류와 생김새, 생활 모습 등을 알 수 있어. 또 지층이 생길 당시의 환경을 알 수도 있지.

나선애의 정리노트

1. 화석
① 아주 오래전에 살던 생물의 ⓐ 나 생물이 생활한 ⓑ 이 암석에 남아 있는 것

[예] 공룡 뼈 화석, 나뭇잎 화석, 동물의 발자국 화석, 매머드 화석, 호박 화석 등

2. 화석이 되기 위한 조건
① 생물이 죽은 뒤 빠르게 ⓒ 에 묻혀야 함.
② 몸에 단단한 부분이 있는 것이 좋음.

3. 화석과 지층의 관계
① 지층이 생길 때 죽은 동물이 함께 퇴적되면 화석이 됨.
· 화석은 지층에서 발견됨.

4. 화석의 이용
① 옛날에 살던 생물의 종류, 생김새, 생활 모습 등을 알 수 있음.
② 화석이 포함된 ⓓ 이 생길 당시의 환경을 알 수도 있음.

ⓐ 몸체 ⓑ 흔적 ⓒ 퇴적물 ⓓ 지층

과학퀴즈 달인을 찾아라!

●정답은 119쪽에

01

친구들이 이번 시간에 배운 내용에 대해 이야기하고 있어. 옳으면 O, 옳지 않으면 X를 표시해 줘.

① 고인돌은 아주 오래전에 만들어졌기 때문에 화석이야. (   )

② 화석은 물속에서만 생겨나. (   )

③ 조개 화석이 나오는 지층은 오래전에 얕은 바다에서 생성되었어. (   )

02

아래 화석 카드에서 생물의 몸체가 남아 있는 화석에는 '몸', 생물이 생활한 흔적이 남아 있는 화석에는 '흔'이라고 적어 줘.

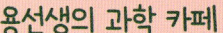

| 용선생의 과학 카페 | 용선생의 한국사 카페 | 용선생의 세계사 카페 |

    https://cafe.naver.com/yongyong

용선생의 과학 카페

과학계의 핵인싸, 용선생의 과학 카페에 오신 걸 환영합니다.

[Log in]

오늘은 어떤 재미난 지식을 올려 볼까?

MENU

물리면 아프다
화학이 화하하
생물 오징어
지구는 둥글다

화석 연료와 화석의 관계는?

 화석 연료라는 게 있던데, 화석이랑 무슨 관계죠?

 화석 연료는 오늘날 우리가 연료로 사용하는 석탄과 석유 등을 말해. 이것들은 사실 오래전에 살던 생물이 화석으로 변한 거야.

 그래요? 어떤 생물이 화석으로 변한 건데요?

 먼저 석탄은 매우 오래전에 울창한 숲을 이루었던 식물이 땅속에 묻혀서 화석으로 변한 거지.

▲ 석탄이 만들어지는 과정

 오호, 석탄은 식물이 변한 거군요. 그럼 석유는요?

 석유에 대해서는 과학자마다 의견이 조금씩 달라. 그중 가장 많이 받아들여지고 있는 의견은 바다에 살던 동물

성 플랑크톤이 화석으로 변해 석유가 만들어졌다는 거야. 동물성 플랑크톤은 주로 바다 표면 근처에 사는 아주 작은 생물로, 물고기의 먹이가 되는 생물이지.

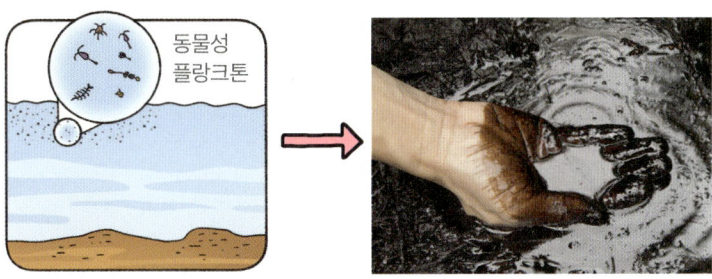
▲ 석유가 만들어지는 과정

- 장하다의 오답을 피하는 방법
- 나선애의 야무진 실험실
- 왕수재의 아는 척 과학교실
- 허영심의 별 헤는 밤
- 곽두기의 빅뱅 따라잡기

 근데 화석 연료를 많이 쓰면 안 된다고 하던데요?

 맞아. 화석 연료는 불에 타면서 이산화 탄소를 많이 내보내. 이산화 탄소는 지구의 온도를 높이는 성질이 있는 기체야. 산업의 발달로 화석 연료를 많이 쓰게 됐고, 여기서 나온 이산화 탄소가 지구를 필요 이상으로 덥게 만들어서 문제란다.

 으으, 화석 연료를 많이 쓰면 안 되겠네요.

 그래서 전 세계적으로 화석 연료 사용을 줄이자는 운동을 하고 있단다.

COMMENTS

 과학 공부를 열심히 해서 석유가 어떻게 만들어졌는지 꼭 밝혀내야지.

ㄴ 언제쯤?

ㄴ 글쎄? 한 20년 후에?

ㄴ 그때도 화석 연료를 계속 쓰고 있을라나 몰라….

3교시 | 퇴적암

화석을 품고 있는 바위는 무엇일까?

땅에서 화석을 찾는 중이래.

나도 화석 찾아보고 싶다.

"애들아, 내가 화석을 가져왔어."
아이들이 모두 허영심 주위로 모여들었다.
"우아, 어디서 난 거야?"
"지난 시간에 화석에 대해 배우고 나서 아빠랑 자연사 박물관에 다녀왔거든. 거기 기념품점에서 하나 사 왔지."
"그렇구나. 나도 하나 갖고 싶다."
곽두기가 부러운 표정으로 허영심이 가져온 화석을 보자 장하다가 나섰다.
"그래? 그럼 형이랑 밖에 나가서 직접 찾아볼래?"
"밖에 나가서 어떻게?"
"일단 여기저기 땅을 파다 보면 하나쯤은 나오겠지."
그러자 왕수재가 턱을 문지르며 말했다.
"글쎄…… 아무 땅이나 판다고 화석이 나올까?"

화석을 발견하려면?

그때 교실로 들어온 용선생이 말했다.

"화석이 많이 발견되는 암석은 따로 있어서, 화석을 발견하려면 땅을 이루는 암석의 종류부터 살펴보아야 해."

"앗! 그렇군요. 근데 암석이 정확히 뭐예요?"

"하하, 그렇다면 암석의 정확한 뜻부터 짚어 봐야겠구나."

"좋아요."

"지구의 가장 바깥쪽 부분을 지각이라고 하는데, 지각을 이루는 단단한 물질을 암석이라고 해. 우리가 흔히 돌이나 바위라고 부르는 게 바로 암석이지."

"그리 어려운 건 아니네요."

나선애의 말에 장하다도 나서며 말했다.

"저는 앞으로 똑똑해 보이게 바위 대신 암석이라는 말을 써야겠어요."

"하하, 그것도 좋고."

"그러면 어떤 암석에서 화석이 많이 발견되나요?"

"바로 퇴적암이라는 암석이야."

"퇴적암은 또 뭐예요?"

"암석의 한 종류란다. 암석은 모두 단단해서 비슷해 보이

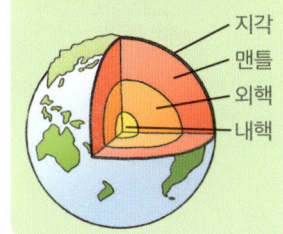

용선생의 과학 현미경

지구의 내부는 지각, 맨틀, 외핵, 내핵으로 나뉘어. 지각은 지구의 가장 바깥쪽을 차지하는 부분이야. 우리가 밟고 있는 땅도 지각의 일부이지.

지만 생겨나는 과정에 따라 크게 세 종류로 나눌 수 있어."

"어떤 게 있는데요?"

"퇴적암, 화성암, 변성암이야."

"이름만 들어서는 어떤 건지 감도 안 오네요."

"걱정하지 마. 지금부터 차근차근 알아보면 되니까. 준비 됐니?"

"네, 준비됐어요."

아이들이 자리를 정리하고는 용선생에게 주목했다.

"화석이 많이 나오는 퇴적암은 마지막에 자세히 알아보고, 화성암과 변성암부터 간단히 알아보자. 먼저 화성암이야. 화성암의 '화'는 화산에서 따온 거란다."

"그러면 화성암은 화산에서 생겨난 암석인가요?"

"그렇다고 할 수 있지. 화산은 땅속에 있는 마그마가 지표면 밖으로 나와 만들어진 지형이야. 마그마는 땅속 깊은 곳에서 암석이 녹은 것을 말해."

"마그마는 많이 들어 봤어요."

"응. 화산 활동으로 마그마가 땅 밖으로 나와 흐르는 건 용암이라고 해. 땅속의 마그마나 땅 밖으로 나온 용암이 굳으면 화성암이 된단다. 이처럼 화산과 관련 있는 마그마의 활동으로 만들어진 암석을 통틀어 화성암이라고 해.

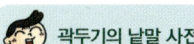
곽두기의 낱말 사전

지표면 땅 지(地) 겉 표(表) 면 면(面). 지구의 표면 또는 땅의 겉면을 말해. 지표라고도 하지.

지형 땅 지(地) 모양 형(形). 지구 표면의 모양을 말해. 우리가 야외에서 볼 수 있는 산, 들, 골짜기, 강, 호수, 바다 같은 것이 모두 지형이야.

주변에서 흔히 볼 수 있는 화성암으로는 화강암과 현무암 등이 있어."

"그렇군요. 그러면 변성암은 뭐예요?"

"변성암은 원래 있던 암석이 땅속에서 뜨거운 열이나 세게 누르는 힘을 받아 성질이 변해서 만들어진 암석이야. 변성은 성질이 변한다는 뜻이거든."

장하다가 고개를 끄덕였다.

"오호, 그렇군요."

화강암

현무암

▲ 대표적인 화성암

대리암

편마암

▲ 대표적인 변성암

"대표적인 변성암으로는 대리암, 편마암 등이 있다는 것도 알아 둬."

핵심정리

암석은 지각을 이루는 단단한 물질로, 퇴적암, 화성암, 변성암으로 나뉘어. 화성암은 화산과 관련 있는 마그마의 활동으로 만들어진 암석이야. 변성암은 원래 있던 암석이 성질이 변해서 만들어진 암석이지.

 화석이 발견되는 암석을 찾아라!

"이제 화석이 많이 발견되는 퇴적암에 대해 알아볼 차례예요."

허영심이 재촉하자 용선생이 고개를 끄덕이며 말했다.

"퇴적이라는 말은 지난번에 배웠지?"

"네. 강 상류에서 생긴 알갱이가 강 하류에 와서 쌓이는 거라고 했어요."

왕수재가 자신 있게 말했다.

"그렇지. 그 알갱이들은 자갈, 모래, 진흙 같은 거고."

"맞아요. 기억나요."

"이런 알갱이들이 물속 바닥에 차곡차곡 쌓이다 보면, 아래에 있는 퇴적물은 위에 새로 쌓이는 퇴적물이 누르는 힘을 받아 점점 다져져. 이렇게 퇴적물이 오랜 시간에 걸쳐 다져지며 서로 붙으면 점점 단단해져서 퇴적암이 된단다."

▲ 퇴적암이 만들어지는 과정

"퇴적되어 생겨났으니 퇴적암! 간단하네요."

"그렇지!"

그때 나선애가 손을 번쩍 들었다.

"근데 그건 지층이 생기는 과정과 똑같은데요?"

"하하, 맞아. 지층을 이루는 암석이 바로 퇴적암이야. 근데 여기서 화석과 관련해서 또 생각나는 거 없니?"

용선생은 가만히 아이들의 대답을 기다렸다.

"지층을 이루는 암석이 퇴적암이고, 지층에서 화석이 발견된다고 했으니까…… 아, 그래서 화석이 많이 발견되는 암석은 퇴적암이라고 하셨군요."

"바로 그거야! 따라서 화석을 발견하고 싶으면 퇴적암으로 이루어진 지층이 있는 지역을 조사해 보아야 한다는 말이지."

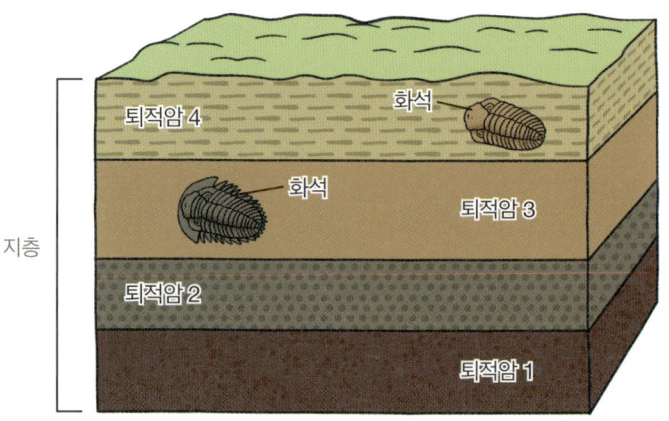

▲ 지층, 퇴적암, 화석의 관계

그러자 장하다가 이마를 찌푸리며 말했다.

"지층이 퇴적암으로 이루어진 것도 알겠고, 퇴적암에서 화석이 많이 발견된다는 것도 알겠어요. 근데 화성암이나 변성암에서는 화석이 발견될 수 없나요?"

"하하, 방금 배운 내용을 바탕으로 하나씩 따져 보자. 화성암은 마그마나 용암이 굳어서 생긴 암석이야. 땅 밖으로 나온 용암에 죽은 생물이 묻힐 수 있겠지만 용암이 너무 뜨거워서 대부분 흔적도 없이 사라지고 말아. 따라서 화성암에서 화석을 발견하기란 불가능해."

"흠…… 그럼 변성암은요?"

허영심이 고개를 갸우뚱하며 물었다.

"변성암은 원래 있던 암석이 열이나 누르는 힘을 받아서 생긴다고 했지? 그러니까 화석이 포함된 퇴적암이 변성암으로 변할 수는 있어. 하지만 변성암으로 변하는 과정에서 화석도 대부분 알아보기 힘들게 변한단다. 따라서 변성암에서도 화석을 발견하기는 무척 어려워."

"으으, 정말로 퇴적암밖에 안 남네요."

용선생이 아이들을 향해 눈을 찡긋하며 말했다.

"맞아. 그런데 퇴적암 중에서도 화석이 많이 발견되는 건 따로 있단다."

"으아, 산 넘어 산이네요."

핵심정리

퇴적암은 퇴적물이 오랜 시간에 걸쳐 단단하게 굳어 만들어진 암석이야. 퇴적암은 지층을 이루는 암석으로, 화석이 많이 발견돼.

 화석이 많이 발견되는 퇴적암은?

"그러면 어떤 퇴적암에서 화석이 많이 발견돼요? 빨리 알려 주세요."

곽두기가 몸을 앞으로 내밀며 물었다.

"하하, 조금만 진정하렴. 우선 퇴적암의 종류부터 알아볼까? 대표적인 퇴적암으로는 역암, 사암, 이암이 있어."

용선생은 새로운 사진을 띄웠다.

▲ 역암

▲ 사암

▲ 이암

"역암은 자갈, 모래, 진흙 등이 퇴적되어 생긴 퇴적암이야. 사진에 자갈 같은 알갱이가 보이지?"

"네, 잘 보여요."

"역암과 비교해서 사암이나 이암을 이루는 알갱이의 크기는 어떠니?"

아이들은 사진을 뚫어져라 쳐다보았다.

"알갱이가 좀 더 작아 보여요."

"그래. 사암은 주로 모래와 진흙, 이암은 주로 진흙이 퇴적되어 만들어진 퇴적암이야. 그러니까 둘 다 역암보다는 알갱이가 작지."

"오호, 그렇군요."

"그런데 자갈이나 모래처럼 큰 알갱이는 죽은 생물과 함께 퇴적되면 죽은 생물의 몸체를 눌러서 부서뜨린단다."

"헉, 그러면 화석으로 남기 어렵겠네요."

용선생은 크게 고개를 끄덕였다.

"맞아. 따라서 자갈이나 모래가 퇴적되어 생긴 역암과 사암에서는 화석을 발견하기 어려워. 이에 비해 진흙은 알갱이 크기가 매우 작아서 생물 몸체가 보존되기에 유리하지. 따라서 화석은 퇴적암 중에서도 주로 진흙이 퇴적되어 생긴……."

▲ 이암에서 나온 삼엽충 화석

용선생의 말이 끝나기도 전에 왕수재가 크게 말했다.

"이암에서 많이 발견되겠네요."

"맞았어. 여기서 한 가지 더. 퇴적암 중에는 먼 옛날 바다에 살던 산호와 조개 등의 껍데기가 퇴적되어 생긴 석회암도 있어. 석회암에서도 화석이 많이 발견돼."

"오호, 그렇군요."

아이들이 고개를 끄덕이자 용선생이 손뼉을 짝 치고 말했다.

"자, 정리하자면 화석은 주로 지층에서 발견돼. 지층을 이루는 암석은 퇴적암이지. 그러니 화석을 찾으려면 지층을 이루는 퇴적암, 그중에서도 알갱이가 매우 작은 진흙으로 이루어진 이암을 확인하면 된단다. 또 석회암에서도 화석을 찾을 수 있어."

▲ 석회암에서 나온 조개 화석

그러자 장하다가 벌떡 일어서며 말했다.

"두기야, 가자. 이암이랑 석회암만 찾으면 될 것 같아. 형이 꼭 화석 찾아 줄게."

"좋아, 형!"

용선생이 말릴 새도 없이 장하다와 곽두기가 과학실을 뛰쳐나갔다.

"저런. 이암과 석회암이라고 늘 화석이 발견되는 건 아닌데……. 아무튼 성공을 빈다."

핵심정리

퇴적암 중에서도 주로 진흙이 퇴적되어 생긴 이암에서 화석이 많이 발견돼. 또 산호와 조개 등의 껍데기가 퇴적되어 생긴 석회암에서도 화석이 많이 발견되지.

# 나선애의 정리노트

1. 암석
① ⓐ _____ 을 이루는 단단한 물질
② 종류: 퇴적암, 화성암, 변성암
- 화성암: 화산과 관련 있는 ⓑ _____ 의 활동으로 만들어진 암석
- 변성암: 원래 있던 암석이 ⓒ _____ 과 누르는 힘을 받아 성질이 변한 암석

2. 퇴적암
① 퇴적물이 오랜 시간에 걸쳐 단단하게 굳어 만들어진 암석
② 지층을 이루는 암석으로, ⓓ _____ 이 많이 발견됨.

3. 퇴적암의 종류
① 역암: 자갈, 모래, 진흙 등이 퇴적되어 만들어짐.
② 사암: 주로 모래와 진흙이 퇴적되어 만들어짐.
③ 이암: 주로 ⓔ _____ 이 퇴적되어 만들어짐.
④ 석회암: 산호와 조개 등의 껍데기가 퇴적되어 만들어짐.
- 이암과 석회암에서 화석이 많이 발견됨.

ⓐ 지표 ⓑ 마그마 ⓒ 열 ⓓ 화석 ⓔ 진흙

 과학퀴즈 달인을 찾아라!

●정답은 119쪽에

01

친구들이 이번 시간에 배운 내용에 대해 이야기하고 있어. 옳으면 O, 옳지 않으면 X를 표시해 줘.

① 현무암은 화성암의 한 종류야. (　　)

② 변성암에서 화석이 많이 발견돼. (　　)

③ 이암과 석회암에서 화석이 많이 발견돼. (　　)

02

친구들이 여러 가지 퇴적암을 이루는 퇴적물을 조사하고 있어. 퇴적암과 퇴적암을 이루는 퇴적물을 선으로 연결하려고 해. 퇴적물이 두 가지 이상인 경우도 있으니 모두 찾아 선으로 연결해 줘.

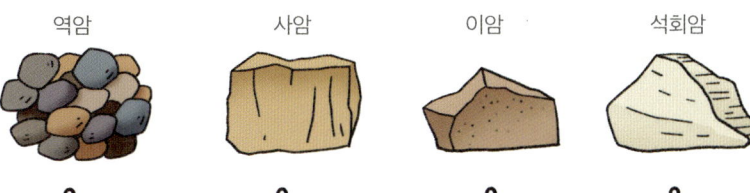

역암　　사암　　이암　　석회암

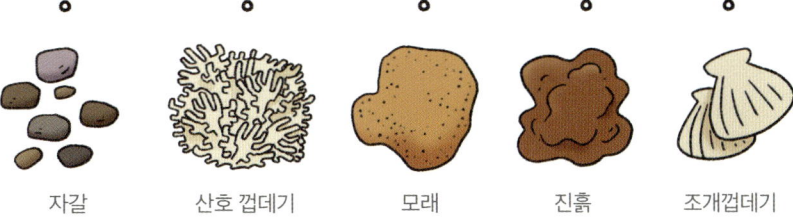

자갈　　산호 껍데기　　모래　　진흙　　조개껍데기

| 용선생의 과학 카페 | 용선생의 한국사 카페 | 용선생의 세계사 카페 |

https://cafe.naver.com/yongyong

용선생의 과학 카페

과학계의 핵인싸,
용선생의 과학 카페에
오신 걸 환영합니다.

[Log in]

MENU

물리면 아프다
화학이 화하하
생물 오징어
지구는 둥글다

화성암과 변성암도 궁금해요!

화성암

화성암은 마그마의 활동으로 생겨난 암석이야. 마그마는 땅속 깊은 곳을 이루는 암석이 녹아서 생겨나. 대표적인 화성암으로 현무암과 화강암이 있어.

현무암은 화산 밖으로 나온 용암이 공기나 물에 닿아 비교적 빠르게 굳어서 생긴 화성암이야. 용암이 빠르게 식으면 암석을 이루는 알갱이가 뭉칠 시간이 적어 알갱이의 크기가 작아.

한편 화강암은 땅 밖으로 나오지 못한 마그마가 땅속에서 비교적 천천히 식어서 생긴 화성암이야. 마그마가 천천히 식어 암석을 이루는 알갱이가 충분히 커질 수 있지.

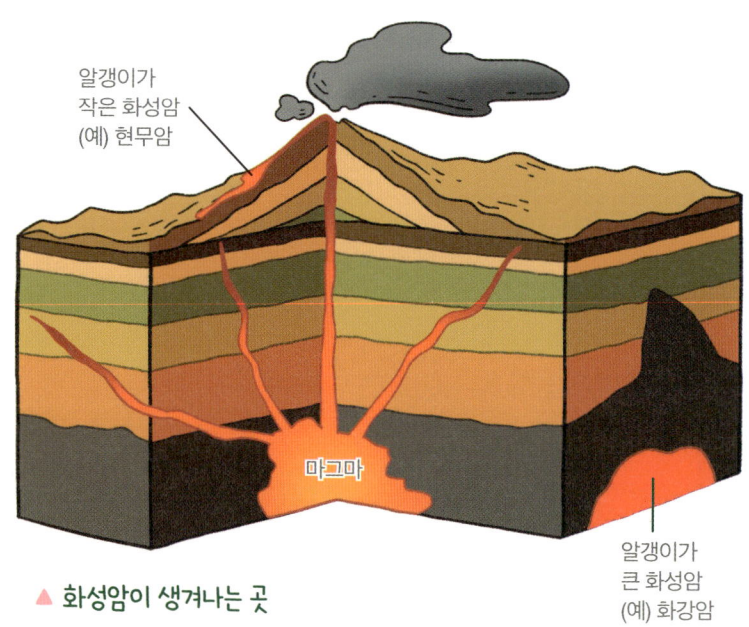

▲ 화성암이 생겨나는 곳

변성암

변성암은 원래 있던 암석의 성질이 변해 만들어진 암석으로, 변성암을 생기게 하는 원인은 땅속의 뜨거운 열과 강하게 누르는 힘인 압력이야.

암석이 열을 받으면, 암석을 이루는 알갱이들이 녹은 뒤 다시 굳으면서 알갱이의 크기가 변할 수 있어. 그리고 다른 암석에서 녹은 물질이 섞이면서 성분이 달라질 수도 있지.

여기에 높은 압력까지 받으면 열에 녹은 암석 알갱이가 눌리면서 줄무늬가 나타나. 따라서 줄무늬가 있는 변성암은 열과 압력을 모두 받았다는 걸 알 수 있어.

- 장하다의 오답을 피하는 방법
- 나선애의 야무진 실험실
- 왕수재의 아는 척 과학교실
- 허영심의 별 헤는 밤
- 곽두기의 빅뱅 따라잡기

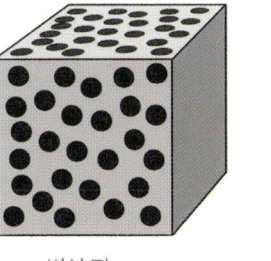
변성 전

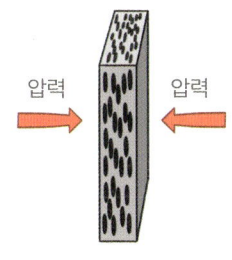
변성 후

▲ 변성암에 줄무늬가 생기는 과정

◀ 줄무늬가 있는 편마암

COMMENTS

 끝말잇기 시작! 화성암.
ㄴ 암석.
ㄴ 석회암.
ㄴ 암… 석! 석회암. 암석…. 으아, 무한 루프에 빠졌어.

"어, 처음 보는 사진이다!"

아이들이 학교 로비에 새로 걸린 사진 앞에 모여들었다.

"교장 선생님이 미국에 여행 가서 직접 찍어 오신 사진이래."

"사진을 보니 지층이 아주 선명하게 잘 보여. 아주 오랫동안 차곡차곡 쌓인 거겠지?"

"그렇겠지. 이 지층들은 도대체 얼마나 오래된 걸까?"

그때 용선생의 목소리가 들렸다.

"지금 당장 지층이 얼마나 오래되었는지 정확히는 알 수 없지만, 먼저 생긴 지층과 나중에 생긴 지층 정도는 알아낼 수 있지."

"어떻게요?"

"과학실로 가서 함께 알아보자."

지층이 생겨난 순서는?

과학실에 들어온 아이들이 자리를 잡고 앉자 용선생이 말했다.

"옛날부터 과학자들은 과거에 지구가 시간에 따라 어떤 변화를 겪어 왔는지 알고 싶었어."

"당연히 그랬겠죠. 저희도 궁금한걸요?"

"하하, 이를 위해서 여러 가지 방법을 통해 수많은 지층 중에 어느 지층이 먼저 생겨났고 어느 지층이 나중에 생겨났는지 알아냈단다. 그러니까 지층이 생성된 순서를 알아낸 거야."

"지층이 생겨난 순서는 왜요?"

"지구에 있는 여러 지층이 생겨난 순서를 쭉 알아내면 결국 지구가 겪어 온 변화를 시간순으로 밝혀낼 수 있으니까 말이야."

용선생의 말을 들은 나선애가 물었다.

"근데 지층이 생성된 순서를 어떻게 알아내요?"

"과학자들은 지층이 생성된 순서를 알아내기 위해 몇 가지 원리를 이용한단다. 그중에서 가장 기본이 되는 원리들을 하나씩 알아보자."

아이들이 고개를 끄덕이자 용선생이 말했다.

"가장 먼저 알아볼 원리는 사실 지난번에 지층에 대해 배울 때 나왔어."

아이들이 모두 고개를 갸우뚱했다.

"흠, 딱히 기억나는 게 없는데요."

"잘 들어 봐. 지층의 위아래가 바뀌지 않았다면 아래쪽의 지층이 위쪽의 지층보다 먼저 퇴적되었다는 원리야."

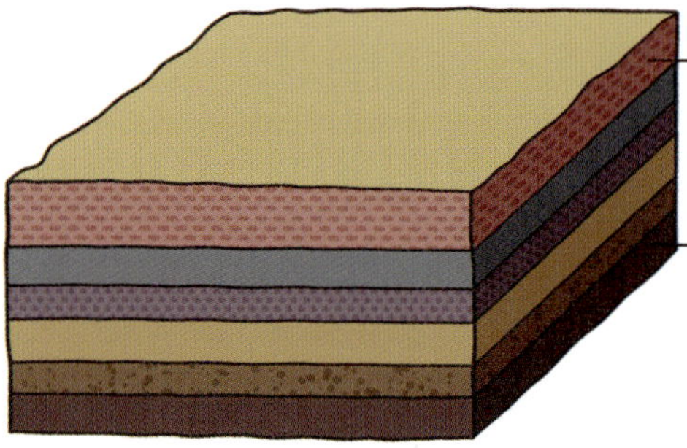

그러자 허영심이 손가락을 탁 튕기며 말했다.

"아, 기억나요. 퇴적물이 땅을 뚫고 들어가서 쌓일 리는 없으니까 아래쪽에서 위쪽으로 순서대로 쌓인다고 했어요."

"하하, 맞아."

"그런데 지층의 위아래가 바뀌는 일도 있나요?"

"응. 지층이 지각 변동을 받으면 점점 구부러지다가 심하면 위아래가 바뀔 수도 있어. 다음 그림처럼 말이야."

"과학자들은 참 대단하네요. 이런 걸 다 알아내고요."

"하하, 따라서 지층의 생성 순서를 따지기 전에 지층의 위아래가 바뀌지 않았는지 꼭 확인해야 한단다."

▲ **지층이 퇴적된 순서** 아래쪽의 지층은 위쪽의 지층보다 먼저 퇴적되었어.

나선애의 과학 사전

지각 변동 지각이 움직이면서 일어나는 여러 가지 현상을 말해. 지각이 위로 솟거나 가라앉고 구부러지거나 끊어지는 현상, 화산 활동이나 지진 등이 모두 포함돼.

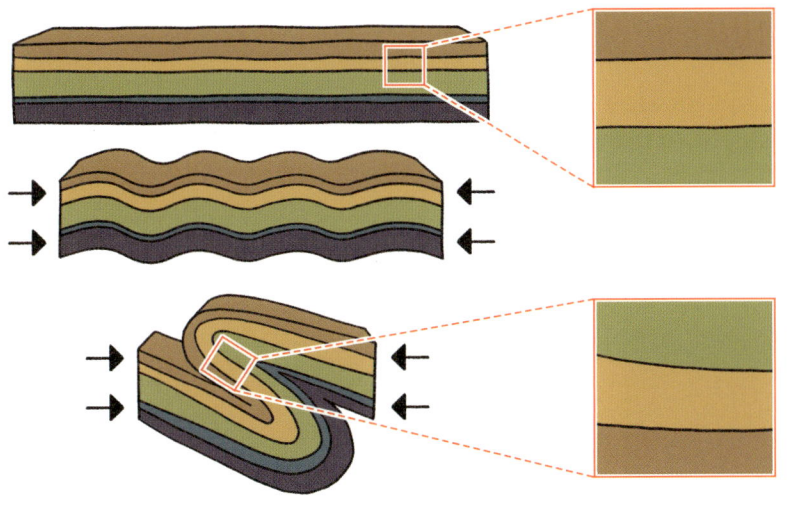

▲ **지층이 쌓인 순서가 바뀐 경우** 지층이 심하게 구부러져 뒤집히면, 먼저 생긴 층이 위에 있을 수 있어.

지층의 위아래가 바뀌지 않았다면 아래쪽의 지층은 위쪽의 지층보다 먼저 퇴적되었어.

 ### 지층을 보고 또 무엇을 알 수 있을까?

용선생이 잠시 목을 축이고는 말했다.

"이번에 알아볼 원리는 지층을 뚫고 들어온 마그마에 대한 거야. 마그마가 식으면 어떤 암석이 된다고 했지?"

"화성암이요."

나선애가 얼른 대답했다.

"맞아. 지층이 만들어진 뒤에 마그마가 지층을 뚫고 들어왔다고 생각해 보자. 이 마그마는 시간이 지나면 화성암이 되겠지? 따라서 지층을 뚫고 들어와 자리 잡은 화성암이 발견된다면, 이 화성암은 원래 있던 지층보다 나중에 만들어진 거야."

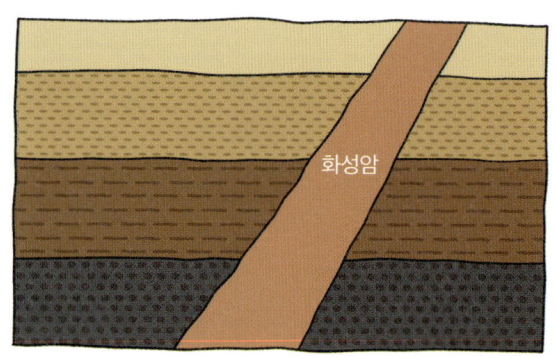

▲ **지층을 뚫고 들어와 생긴 화성암** 화성암은 원래 있던 지층보다 나중에 생겼어.

"오호, 이것도 쉽게 이해가 되네요."

"하하, 다행이구나. 이제 다음 원리를 알아보자. 지층이 생성된 시기가 다르면 지층에서 발견되는 화석의 종류가 다르다는 원리야."

"흠, 좀 더 자세히 설명해 주세요."

허영심이 고개를 갸우뚱하며 물었다.

"퇴적물이 쌓인 뒤 굳어서 지층이 되기까지는 아주 오랜 시간이 걸리잖니? 따라서 각 지층이 생성될 때 살던 생물이 다르고, 그 결과 각 지층에서 나오는 화석도 달라지지."

"예를 들면요?"

"예를 들어, 삼엽충이 살던 시기와 공룡이 살던 시기는 달라. 따라서 삼엽충 화석이 나오는 지층과 공룡 화석이 나오는 지층

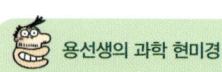

용선생의 과학 현미경

삼엽충은 지금으로부터 약 5억 2000만 년 전부터 나타나서 약 2억 5000만 년 전에 사라졌어. 한편 공룡은 약 2억 4000만 년 전에 나타나서 약 6600만 년 전에 사라졌지.

은 생성된 시기가 완전히 다르지. 이 원리를 바탕으로 지층에서 나오는 화석들을 비교해 어느 지층이 먼저 생겼는지 알아낼 수 있어."

"어떻게요?"

"앞에서 예를 든 삼엽충은 공룡보다 훨씬 이전에 살던 생물이야. 따라서 삼엽충 화석이 나오는 지층이 공룡 화석이 나오는 지층보다 먼저 생긴 지층이라는 걸 알 수 있지."

"아하, 그런 식으로 원리를 적용하는 거군요."

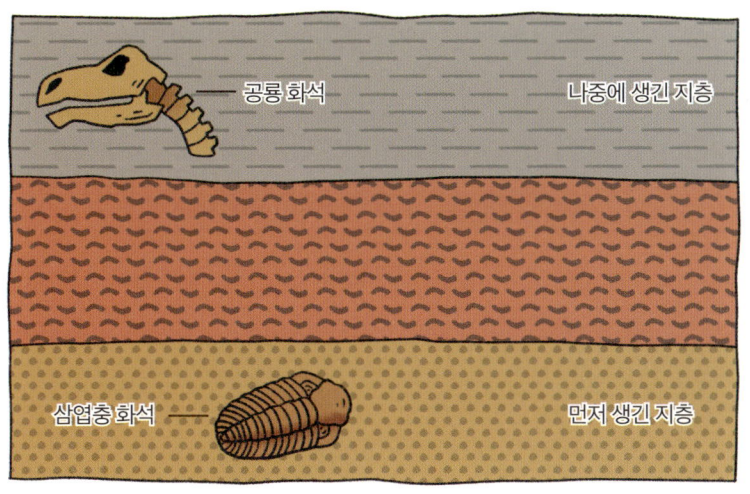

▲ 지층에서 발견되는 화석의 이용 화석을 비교해 지층의 생성 순서를 알 수 있어.

지층을 뚫고 들어와 생긴 화성암은 원래 있던 지층보다 나중에 만들어졌어. 지층에서 나오는 화석을 비교해 지층이 생성된 순서를 알아낼 수 있어.

 ## 지구의 역사책을 읽는 방법

"자, 그러면 오늘 배운 원리들을 잘 이해했는지 확인해 볼까?"

아이들이 고개를 끄덕이자 용선생은 그림을 띄웠다.

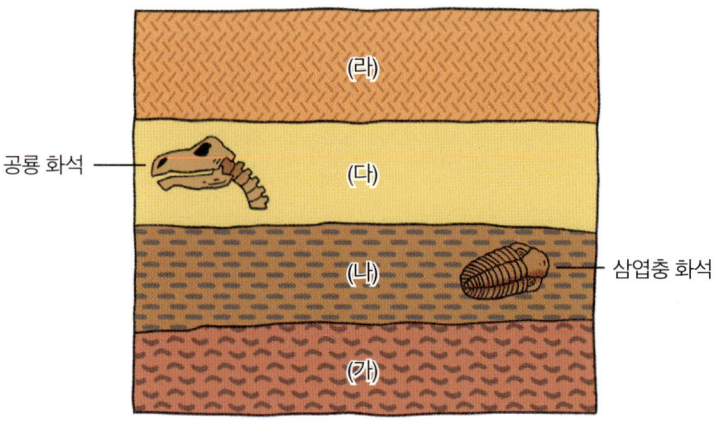

"이 그림에 있는 지층이 생성된 순서를 알아내 보자. 일단 이 지층은 위아래가 바뀌지 않았어. 그림만 보고 지층이 생겨난 순서를 알아낼 수 있겠니?"

"이건 쉽죠. 지층이 아래부터 순서대로 쌓였으니까 (가) → (나) → (다) → (라) 순으로 생겨났어요."

"맞아. 잘 알아냈어. 이번에는 이 지층과 멀리 떨어져 있는 지역의 또 다른 지층을 살펴볼까? 이 그림을 봐."

용선생은 새로운 그림을 띄웠다.

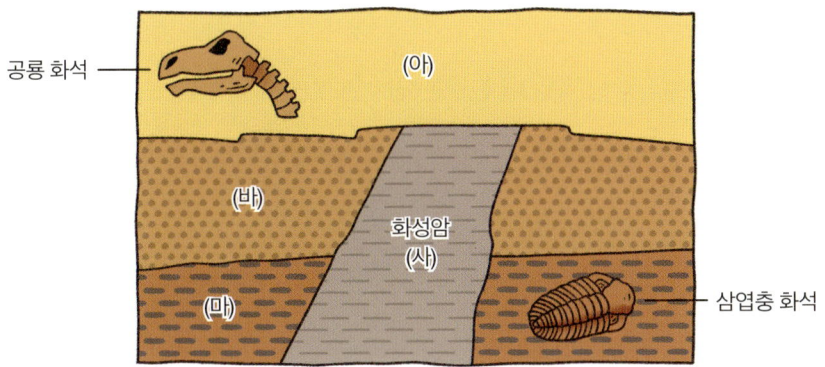

"음…… 이번엔 지층이 좀 복잡해 보여요."

"그러면 지층에서 관찰할 수 있는 것부터 말해 볼까?"

"지층을 뚫고 들어온 화성암이 있어요."

"공룡 화석이랑 삼엽충 화석도 보이고요."

"잘 관찰했어. 화성암인 (사)는 (마)와 (바)지층을 뚫고 들어왔어. 그러니까 (마)와 (바)지층이 화성암인 (사)보다 먼저 생겨났다는 걸 알 수 있지. (마)와 (바) 중에서 먼저 생겨난 층은 뭘까?"

용선생의 질문에 왕수재가 손을 번쩍 들고 말했다.

"아래에 있는 (마)지층이에요."

"그렇지! 그다음에는 (바)지층이 쌓였을 거야. 그다음에 (사)가 생겼겠지?"

"네. 그리고 마지막에 (아)지층이 생겨났어요. 화성암이 (아)지층은 뚫지 못했으니까요."

"하하, 맞았어. 그러니까 지층이 (마) → (바) → (사) → (아) 순으로 생성되었다는 걸 알 수 있어."

"정말 앞에서 배운 원리들을 적용하니까 지층이 생겨난 순서를 알 수 있네요. 정말 재미있어요."

"그렇지? 삼엽충 화석과 공룡 화석을 비교해도 (마)지층이 (아)지층보다 훨씬 오래전에 생겨났다는 걸 확인할 수 있어. 그런데 말이야, 화석을 이용하면 방금 알아본 두 지역의 지층이 생성된 순서를 종합해서 알아낼 수 있단다. 두 지역이 멀리 떨어져 있다고 해도 말이야."

"어떻게요?"

"일단 두 지역의 지층에서 공통으로 나오는 화석을 찾아보렴. 어떤 게 있니?"

"삼엽충 화석이랑 공룡 화석이요."

"그러니까 삼엽충 화석이 나온 (나)와 (마)지층이 비슷한 시기에 쌓였고, 공룡 화석이 나온 (다)와 (아)지층이 비슷

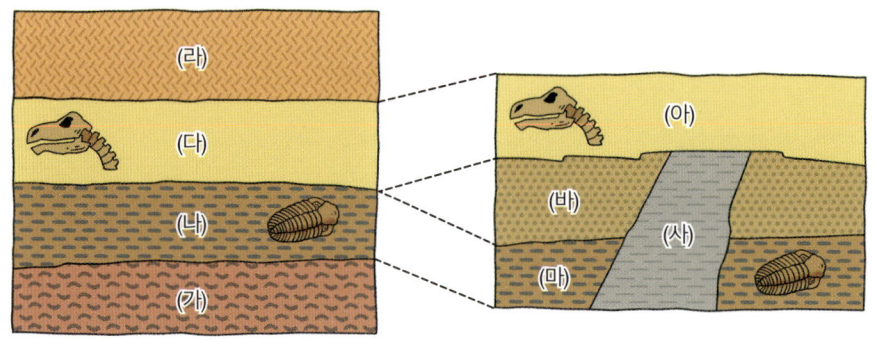

▲ 화석을 이용한 지층의 비교

한 시기에 쌓였다는 걸 알 수 있지."

아이들이 고개를 끄덕이자 용선생이 말을 이었다.

"따라서 앞에서 나온 결과를 종합해 보면 두 지역의 지층이 다음과 같은 순서로 생성된 걸 알 수 있어."

용선생이 화면을 바꿨다.

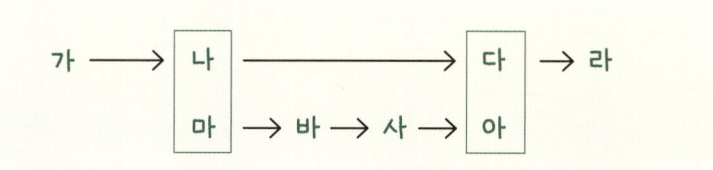

"이런 식으로 지층과 그 속에 포함된 화석을 함께 이용하면 다양한 지역에 있는 지층들의 생성 순서를 종합적으로 알아낼 수 있단다."

"정말 대단하네요."

"이렇게 여러 지역에 있는 지층이 생성된 순서를 종합적으로 알아내면 결국 지구의 역사를 밝힐 수 있어. 그래서 과학자들은 지층을 '지구의 역사책'이라고 불러."

"오호, 멋진 말이네요. 앞으로 종종 써먹어야겠어요."

장하다가 윙크를 하며 말했다.

"하하, 하다가 요즘 열심이네. 앞으로도 파이팅!"

지층의 모양과 화석 등을 이용하면 지층이 생성된 순서를 알아낼 수 있어. 또 멀리 떨어진 지역의 지층이 생성된 순서도 종합적으로 알 수 있지.

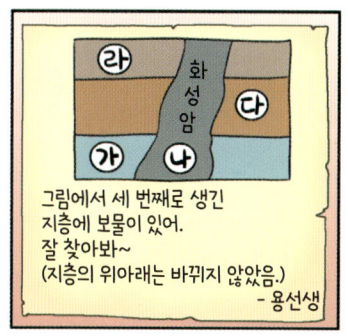

나선애의 정리노트

1. 지층이 생성된 순서를 알아내는 원리

① 지층의 위아래가 바뀌지 않았다면 ⓐ_____ 쪽의 지층은 ⓑ_____ 쪽의 지층보다 먼저 퇴적됨.

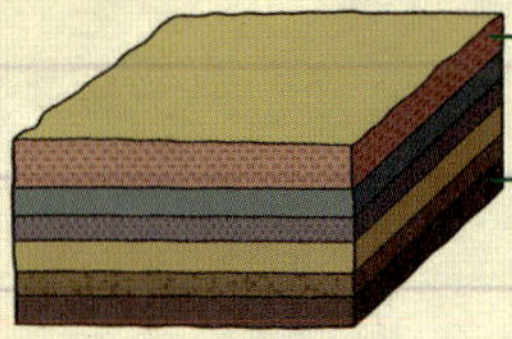

— 나중에 생긴 지층
— 먼저 생긴 지층

② 지층을 뚫고 들어와 생긴 ⓒ_____ 은 원래 있던 지층보다 나중에 만들어짐.

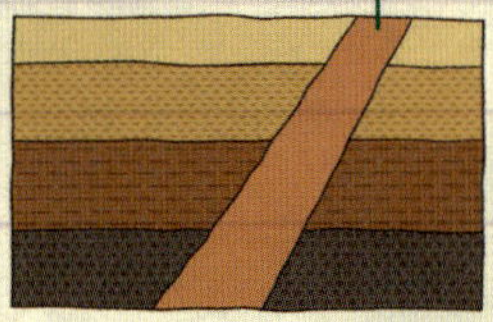

— 화성암

③ 지층이 생성된 시기가 다르면 지층에서 발견되는 ⓓ_____ 의 종류가 다름.

· 지층에서 나오는 화석을 비교해서 지층이 생성된 순서를 알 수 있음.

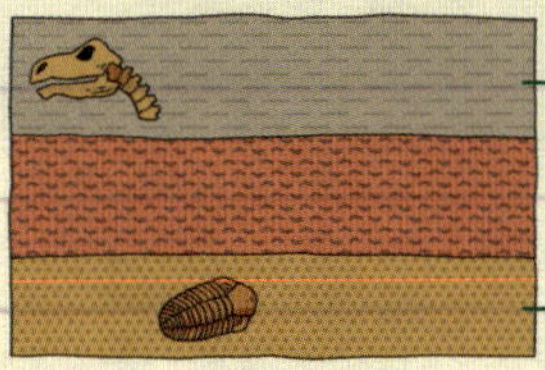

— 나중에 생긴 지층
— 먼저 생긴 지층

ⓐ 아래 ⓑ 위 ⓒ 화성암 ⓓ 화석

과학퀴즈 달인을 찾아라!

●정답은 119쪽에

01

친구들이 이번 시간에 배운 내용에 대해 이야기하고 있어. 옳으면 O, 옳지 않으면 X를 표시해 줘.

① 지층의 위아래가 바뀌는 일은 없어. （　　）

② 삼엽충과 공룡은 같은 시기에 살았어. （　　）

③ 화석을 이용하면 멀리 떨어진 지역의 지층이 생성된 순서를 비교할 수 있어. （　　）

02

친구들이 보물 상자를 발견했어. 보물 상자는 네 자리 비밀번호로 열 수 있대. 오른쪽 그림의 지층이 생성된 순서를 찾아서 각 지층에 표시된 숫자를 순서대로 누르면 돼. 친구들이 비밀번호를 찾을 수 있게 도와줘.

| 힌트 | 지층의 위아래는 바뀌지 않았음. |

👍 알았다! 비밀번호는 ☐☐☐☐ 이야!

"얘들아, 빨리 와 봐! 화석이 엄청 많아."

자연사 박물관에 들어서며 장하다가 외쳤다.

"하하, 오늘은 자연사 박물관으로 현장 학습을 왔으니까 다양한 화석을 자세히 관찰해 보자."

용선생의 말에 왕수재가 외쳤다.

"뭐니 뭐니 해도 공룡 화석이 최고죠!"

그러자 곽두기가 고개를 갸우뚱하며 물었다.

"근데 옛날에는 지구에 공룡이 엄청 많이 살았다는데, 지금은 왜 하나도 없어요?"

 ### 지구의 역사는 어떻게 구분될까?

"아주 오래전 지구에 어떤 일이 일어나서 공룡이 모두

사라져 버렸거든."

"무슨 일이 일어났는데요?"

"아주 무시무시하고, 어마어마한 일이지."

"어휴, 선생님. 그냥 빨리 알려 주시면 안 돼요?"

"하하, 서두르지 말라고. 사실 지구에서 사라진 생물은 공룡만이 아니야. 지난번에 화석을 배울 때 보았듯이 지금은 볼 수 없는 수많은 생물이 화석으로만 남아 있지."

"삼엽충, 암모나이트…… 또 뭐더라? 어쨌든 이런 생물들 말이죠?"

"맞아. 다들 살던 시기는 조금씩 다르지만, 많은 생물이 지구에 생긴 변화 때문에 사라졌어. 이번 기회에 과거 지구에 어떤 일이 있었길래 이렇게 많은 생물이 사라졌는지 알아보면 어떨까? 물론 공룡이 사라진 까닭도 포함해서 말이야."

"좋아요!"

용선생과 아이들은 조용한 곳에 자리를 잡았다.

"지구는 지금으로부터 약 46억 년 전에 생겨났는데, 이때부터 오늘날에 이르는 기간을 지질 시대라고 해."

용선생은 잠시 주위를 살피더니 한쪽 벽을 가리키며 말했다.

용선생의 과학 현미경

과학자들에 따라 지질 시대의 시작과 끝을 조금씩 다르게 잡기도 해. 지각이 생겨난 약 36억 년 전을 지질 시대의 시작으로 잡는 과학자도 있고, 역사 기록이 시작된 때를 지질 시대의 끝으로 잡는 과학자도 있어. 가장 넓은 의미의 지질 시대는 지구의 탄생부터 현재까지의 기간이야.

"마침 여기 벽에 지질 시대가 정리된 표가 있구나. 표를 먼저 볼까?"

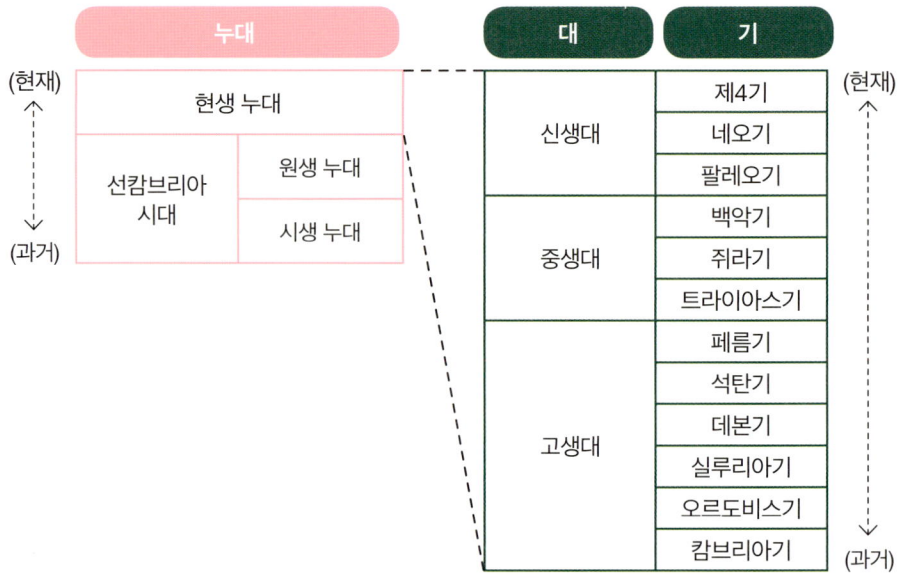

▲ **지질 시대의 구분** 선캄브리아 시대는 '먼저 선(先)' 자를 써서, 고생대 캄브리아기보다 앞선 시대라는 뜻이야.

아이들이 표를 열심히 보는데 왕수재가 말했다.

"현생 누대? 신생대? 다 무슨 뜻인지 모르겠어요."

"하하, 그러면 먼저 지질 시대를 구분한 표에 나오는 말들이 무슨 뜻인지부터 차근차근 알아보자."

"네!"

"1800년대에 지층과 화석을 연구하던 과학자들은 특정한 시기 이후에 생성된 지층에서 갑자기 화석이 많이 발견되는 걸 알아냈어. 그보다 오래된 지층에는 화석이 거의 나오지 않았는데 말이야."

"화석이 갑자기 많이 발견되었다고요? 왜요?"

"화석은 오래전에 살던 생물이 남긴 거지? 또 죽은 생물이 화석으로 남기란 쉽지 않다고도 했어. 그러니까 갑자기 화석이 많이 발견된다는 건, 생물이 거의 없다가 갑자기 많아졌다는 뜻이야."

"아하, 그렇군요."

아이들은 고개를 끄덕였다.

"과학자들은 지질 시대라고 모두 같은 게 아니라는 걸 깨닫고, 화석이 갑자기 많이 발견되는 지층을 기준으로 지질 시대를 크게 둘로 나누었어."

"무엇과 무엇인데요?"

"바로 선캄브리아 시대와 현생 누대야. 현생 누대 이전에 시생 누대와 원생 누대가 있는데, 이 둘을 묶어 선캄브리아 시대라고 불러."

"그렇군요. 그런데 누대라는 말은 처음 들어 봐요."

"하하, 특별한 의미가 있는 건 아니고, 지질 시대를 구분하는 가장 큰 시간 단위를 말하는 거야."

"어쨌든 화석이 갑자기 많이 발견되는 걸 기준으로 선캄브리아 시대와 현생 누대가 정해졌군요. 그럼 표의 오른쪽에 있는 '대'는 뭐예요?"

"대는 누대보다 짧은 기간이야. 현생 누대는 고생대, 중생대, 신생대로 나뉘지."

"음…… '옛 고(古)' 자와 '새로운 신(新)' 자 같아요. 중은 그 중간이라는 뜻으로 '가운데 중(中)' 자 같고요."

곽두기가 말하자 용선생이 미소를 지으며 말했다.

"역시 두기가 한자를 잘 아는구나. 고생대, 중생대, 신생대의 앞 글자는 두기가 말한 뜻이 맞아. 그리고 중간에 공통으로 들어가는 '생'은 생물을 뜻한단다."

"고생대는 오래된 생물 시대, 중생대는 중간 생물 시대, 신생대는 새로운 생물 시대라는 뜻이겠네요."

"맞아. 이제 대보다 작은 시간 단위를 알아보자. 너희 쥬라기라는 말 들어봤지?"

"네. 공룡이 나오는 영화 제목에 들어가잖아요."

"하하, 맞아. 올바른 표기는 쥐라기인데, 여기에 들어가는 '기'는 대보다 짧은 시간 단위야. 정리하자면 누대는 대로, 대는 기로 나뉘는 거지."

"오호, 쥐라기의 기가 그런 뜻이었군요."

장하다가 눈을 반짝이며 말했다.

현생 누대 중생대 쥐라기에 살았습니다.

"이제 좀 정리가 되네요."

핵심정리

지구가 생겨난 때부터 오늘날에 이르는 기간을 지질 시대라고 해. 지질 시대는 크게 선캄브리아 시대와 현생 누대로 나눌 수 있어. 현생 누대는 고생대, 중생대, 신생대로 나뉘고, 각 대는 다시 여러 기로 나뉘지.

지질 시대의 실제 길이는?

"지질 시대가 어떻게 구분되는지는 알겠는데요, 실제로 언제쯤이에요? 예를 들어, 공룡이 살던 시대가 지금으로부터 몇 년 전인지는 알 수 없어요?"

곽두기의 말에 용선생이 손가락을 탁 튕겼다.

"그렇지 않아도 그 이야기를 할 참이었어. 1900년대에 들어서 과학자들은 지층의 실제 나이를 정확히 측정하는 방법을 개발했어. 각 지층이 지금으로부터 얼마나 오래전에 생겨났는지 정확히 알 수 있게 되었다는 말이지. 그래서 각 시대가 실제로 어느 정도로 긴지 알아냈단다."

"그래요? 실제로 어느 정도인데요?"

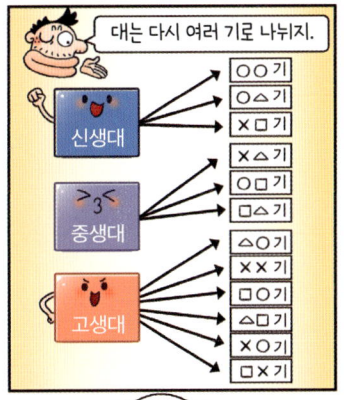

시대	기간 (지금으로부터)
신생대	약 6600만 년 전 ~ 오늘날
중생대	약 2억 5220만 년 전 ~ 약 6600만 년 전
고생대	약 5억 4100만 년 전 ~ 약 2억 5220만 년 전
선캄브리아 시대	약 46억 년 전 ~ 약 5억 4100만 년 전

▲ **지질 시대의 기간**

"선캄브리아 시대는 지구가 탄생한 약 46억 년 전부터 약 5억 4100만 년 전까지야. 그 이후에 시작된 고생대는 약 2억 5220만 년 전까지이고, 고생대 이후의 중생대는 약 6600만 년 전까지이지. 그 이후부터 오늘날까지가 신생대야. 참고로 공룡은 중생대에 살았단다."

"어휴, 숫자가 너무 커서 어느 정도인지 모르겠어요."

"그러면 지구 전체의 역사를 하루, 즉 24시간으로 잡아 보자. 그렇게 했을 때 선캄브리아 시대가 차지하는 시간은 무려 약 21시간 10분이나 된단다. 그리고 고생대가 약 1시간 31분, 중생대가 약 58분, 신생대가 약 21분을 차지하지."

"네에? 선캄브리아 시대가 그렇게나 길어요?"

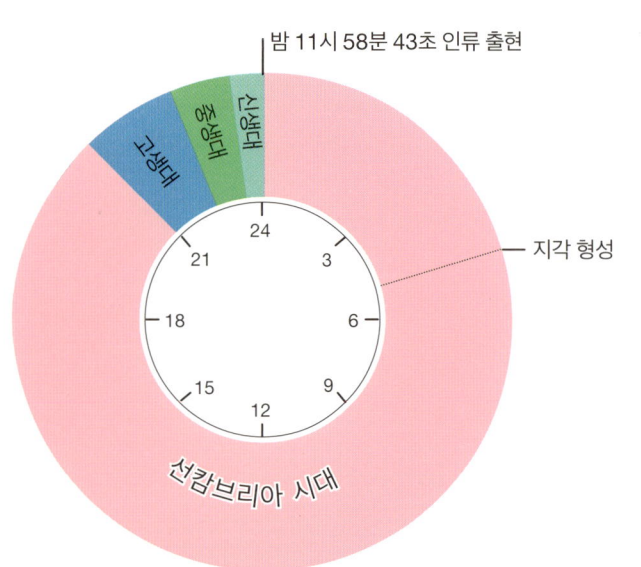

▲ **지질 시대의 길이** 선캄브리아 시대는 지질 시대 전체의 약 $\frac{7}{8}$을 차지해.

"응. 선캄브리아 시대의 지층에서는 화석이 거의 나오지 않는다고 했지? 또 당시에 생긴 지층은 오랫동안 지각 변동을 많이 겪어서 지금까지 제대로 보존된 곳이 많지 않아. 따라서 선캄브리아 시대에 대해서는 알 수 있는 게 많지 않단다."

"지질 시대 중에 우리가 제대로 알 수 없는 기간이 제일 길다는 거네요."

"아쉽지만 그렇단다."

핵심정리

지질 시대의 대부분은 선캄브리아 시대가 차지해. 선캄브리아 시대의 지층에서는 화석이 거의 나오지 않아서 우리가 알 수 있는 게 많지 않아.

 각 시대를 나누는 기준!

"화석이 많이 나오는 시기부터 고생대가 시작된 거면, 고생대, 중생대, 신생대는 어떻게 나눈 거예요?"

"아주 좋은 질문이야. 고생대부터는 생물이 아주 많아졌다고 했어. 그런데 과학자들은 시간에 따라 지구에 살던

생물의 종류가 크게 달라진다는 걸 알게 되었지. 그래서 당시에 살던 생물의 종류를 기준으로 고생대, 중생대, 신생대를 나눈 거야."

"그걸 다 화석으로 알아냈다는 거죠? 근데 생물의 종류가 왜 그렇게 달라지는 거예요?"

"그건 지구의 환경이 비교적 짧은 기간 안에 크게 달라지는 일이 몇 차례 일어나면서 그때마다 생물이 많이 멸종했기 때문이란다. 다행히 달라진 환경에 적응하여 살아남은 생물도 있어서 다음 시대에 번성했지."

"지구 환경이 크게 달라졌다고요?"

허영심이 놀란 듯이 물었다.

"응. 주로 대규모 지각 변동 때문이었어. 예를 들어 큰 산맥이 만들어지고 땅이 갈라지면서 육지와 바다가 뒤바뀌기도 했지. 또 커다란 화산이 여러 개 폭발하면서 화산에서 나온 기체 때문에 공기 성분이 바뀌기도 했고, 화산재에 가려 햇빛의 양이 줄어들기도 했어."

"으아, 모두 직접 겪고 싶지 않은 일들이네요."

"그렇지? 지구 전체에 걸친 이러한 지각 변동으로 지구의 환경이 크게 달라졌고, 바뀐 환경에 적응하지 못한 생물은 대부분 멸종하고 말았지."

곽두기의 낱말 사전

멸종 없어질 멸(滅) 종류 종(種). 생물의 한 종류가 완전히 없어진다는 뜻이야.

번성 많을 번(繁) 성할 성(盛). 아주 많이 생겨나 퍼진다는 뜻이야.

"그런 일들이 있었군요……."

"특히 고생대 말에는 우랄산맥 같은 커다란 산맥이 생겨날 정도로 지각 변동이 매우 심했어. 당시에는 생물이 주로 바다에 살았는데, 이러한 생물 종류의 $\frac{9}{10}$ 정도가 멸종했어. 이로써 고생대가 끝을 맺고 중생대가 시작되었지."

"헉, 정말 엄청난 일이 일어났네요."

"게다가 중생대 말에도 공룡을 비롯한 수많은 생물이 멸종했어. 과학자들은 중생대 말에 수많은 생물이 멸종한 원인을 여러 가지 제시했는데, 최근에는 지구에 충돌한 운석을 그 원인으로 보고 있단다."

"운석이 충돌해서 어떤 일이 일어났길래요?"

"잘 들어 봐. 지금으로부터 약 6600만 년 전에 지름이 약 10km(킬로미터)나 되는 운석이 지구에 충돌했어. 이 운석이 지표면에 충돌하는 순간 크나큰 폭발이 일어났는데, 오늘날 지구상에 있는 모든 핵폭탄을 한꺼번에 터뜨린 것보다 강력했어."

"어머! 핵폭탄보다도 강력했다니……."

허영심이 몸을 부르르 떨며 말했다.

"이 폭발로 인해 지진과 거대한 파도뿐 아니라 엄청난 열이 발생했어. 이와 같은 지각 변동과 환경 변화로 결국 당

▲ **우랄산맥** 러시아 서부에 있는 산맥이야.

 용선생의 과학 현미경

우주를 떠도는 다양한 크기의 바윗덩어리들이 지구에 끌려 들어오면 공기에 부딪혀 불타. 이것을 유성 또는 별똥별이라고 해. 불타고 남은 유성이 지구 표면에 떨어지면 운석이라고 불러.

 장하다의 상식 사전

지름 원이나 구에서 중심을 지나며 둘레 위의 두 점을 잇는 직선의 길이를 말해.

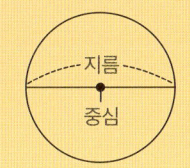

▲ 운석 충돌 상상도

▲ 이리듐 은색을 띠는 금속으로, 지구에서 가장 희귀한 물질 중 하나야.

시 살던 생물 종류의 $\frac{3}{4}$ 이상이 멸종해 버렸지. 이렇게 중생대도 막을 내리고 신생대가 시작되었단다."

"그런데요, 과학자들은 중생대 말에 운석이 충돌했다는 걸 어떻게 알아냈어요?"

"지층에 포함된 퇴적물을 이용한 거야. 중생대 말, 그러니까 공룡이 멸종할 무렵의 지층에서 이리듐이라는 물질이 전 세계에 걸쳐 발견되었거든."

"이리듐? 처음 들어 봐요. 어떤 물질인데요?"

"지구에는 아주 조금 밖에 없는 물질로, 우주에서 들어온 물질로 추측하고 있어. 그래서 과학자들은 공룡이 멸종할 즈음에 지구에 거대한 운석이 충돌해서 그 속에 있던 이리듐이 지구 전체로 퍼진 뒤 퇴적되었다고 생각했어."

아이들이 "그럴 수 있겠네요." 하며 고개를 끄덕였다.

"그런데 아무리 찾아도 운석이 충돌한 흔적을 찾을 수

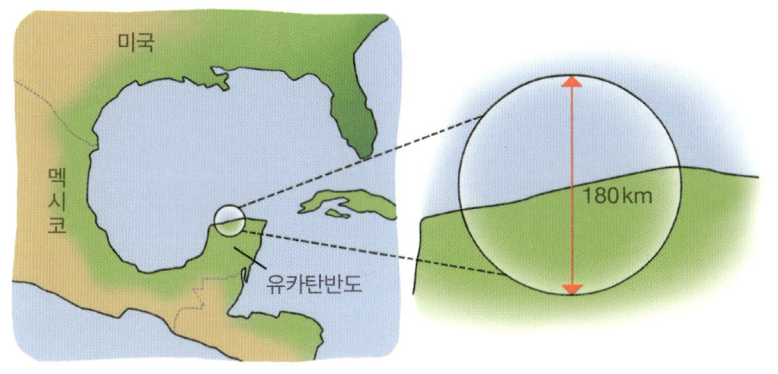

▲ **공룡을 멸종시킨 운석의 흔적** 이 운석은 멕시코 유카탄반도에 떨어졌어. 충돌로 생긴 구덩이의 지름은 약 180 km야. 이 구덩이는 육지와 바다에 나뉘어 있는 데다가 바람과 파도에 깎여 흔적을 찾기 쉽지 않았어. 1970년대 말에 처음으로 일부분이 발견되었고, 1990년에 운석이 남긴 구덩이라는 게 확인되었지.

없었단다. 당시 살던 생물을 대부분 멸종시킬 정도였으면 엄청나게 큰 운석이었을 거고, 그러면 지표면과 충돌하면서 커다란 운석 구덩이를 남겼을 텐데 말이야."

"그럼 오늘날에도 그 운석 구덩이는 못 찾았나요?"

"하하, 결국 멕시코에서 육지와 바다에 걸쳐 있는 거대한 운석 구덩이를 발견했지. 그래서 오늘날에는 이 운석 충돌이 중생대 생물들을 대부분 멸종시켰다는 의견이 받아들여지고 있단다."

"우아, 과학자들은 참 대단해요. 그 옛날에 일어난 일을 직접 보지도 않고 알아내니까요."

"궁금한 점이 생겼을 때 어떻게 해결할 수 있을지 찾아내는 게 바로 과학의 힘이라는 거, 잊지 말도록!"

 **핵심정리**

고생대와 중생대 사이에는 매우 심한 지각 변동이 있었고, 중생대와 신생대 사이에는 커다란 운석이 지구에 충돌했어.

나선애의 정리노트

1. 지질 시대
① [ⓐ]가 생겨난 때부터 오늘날에 이르는 기간
② 지질 시대의 시간 단위: 누대 → [ⓑ] → 기

2. 지질 시대의 구분

누대		대
현생 누대		신생대
선캄브리아 시대	원생 누대	중생대
	시생 누대	고생대

① 선캄브리아 시대: [ⓒ]이 거의 발견되지 않는, 고생대 이전의 기간
② [ⓓ]: 화석이 많이 발견되기 시작하는 시기부터 매우 심한 지각 변동으로 당시에 살던 생물이 대부분 멸종하기까지의 기간
③ 중생대: 고생대 이후부터 커다란 [ⓔ]이 충돌해 많은 생물이 멸종하기까지의 기간
④ 신생대: 중생대 이후부터 오늘날까지의 기간

ⓐ 지구 ⓑ 대 ⓒ 화석 ⓓ 고생대 ⓔ 운석

과학퀴즈 달인을 찾아라!

● 정답은 119쪽에

01

친구들이 이번 시간에 배운 내용에 대해 이야기하고 있어. 옳으면 O, 옳지 않으면 X를 표시해 줘.

① 지질 시대의 대부분은 현생 누대가 차지하고 있어. (   )
② 고생대와 중생대에는 비슷한 종류의 생물이 살았어. (   )
③ 공룡을 멸종시킨 운석 충돌은 지층 속 퇴적물을 이용해 알아냈어. (   )

02

다음 문장 속 괄호에 들어갈 말을 순서대로 이으면 어떤 모양이 나온대. 정답을 찾아서 어떤 모양이 나오는지 그려 봐.

> **보기**
>
> 지질 시대는 크게 선캄브리아 시대와 (   )로 나눌 수 있어.
> 현생 누대는 오래된 순서대로 (   ), 중생대, (   )로 나뉘고,
> 각 대는 다시 여러 (   )로 나뉘지.

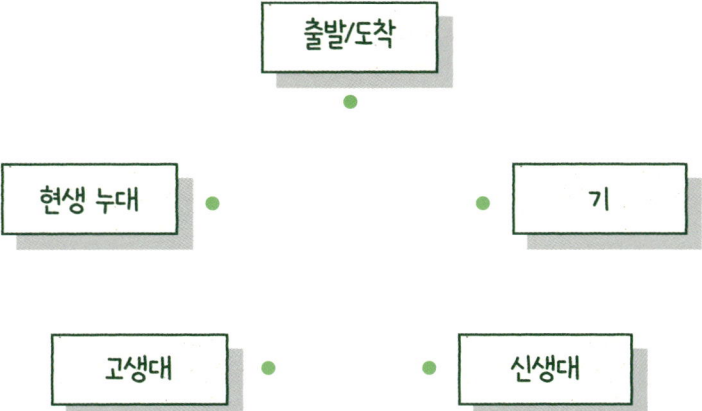

 용선생의 과학 카페 | 용선생의 한국사 카페 | 용선생의 세계사 카페

https://cafe.naver.com/yongyong

용선생의 과학 카페

과학계의 핵인싸,
용선생의 과학 카페에
오신 걸 환영합니다.

[Log in]

MENU
- 물리면 아프다
- 화학이 화하하
- 생물 오징어
- 지구는 둥글다

지각은 어떻게 생겨났을까?

 지구는 지금으로부터 약 46억 년 전에 생겨났고, 지각은 그로부터 10억 년 정도가 흐른 약 36억 년 전에 생겨났어. 지각이 생겨나기 전 약 10억 년 동안 지구에 무슨 일이 있었을까? 순서대로 알아보자.

마그마의 바다 형성

지구가 생겨난 초기에 지구는 엄청나게 뜨거웠어. 우주에서 날아온 작은 천체들이 끊임없이 충돌하며 온도가 높아지고 있었거든. 그래서 모든 물질이 녹아 있는 마그마와 같은 상태가 되었고, 이것을 마그마의 바다라고 불러. 마그마의 바다 바깥은 지구에 충돌한 천체에서 나온 이산화 탄소, 수증기 등이 둘러싸고 있었어.

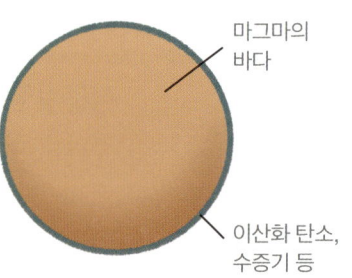
마그마의 바다
이산화 탄소, 수증기 등

핵과 맨틀의 분리

마그마의 바다에서 무거운 물질은 중심부로 가라앉아서 오늘날의 내핵과 외핵에 해당하는 부분이 되었어. 그보다 가벼운 물질은 바깥쪽으로 이동했고 오늘날의 맨틀에 해당하는 부분이 되었지.

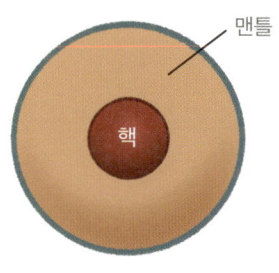
맨틀
핵

- 장하다의 오답을 피하는 방법
- 나선애의 야무진 실험실
- 왕수재의 아는 척 과학교실
- 허영심의 별 헤는 밤
- 곽두기의 빅뱅 따라잡기

원시 지각과 바다 형성

시간이 흐르면서 지표면이 천천히 식기 시작했어. 공기에 있던 수증기가 비가 되어 내리면서 지표면은 더 많이 식었지. 그래서 지표면이 윗부분부터 어느 정도 단단하게 변했는데, 이것을 원시 지각이라고 해. 원시 지각의 낮은 곳에 마그마에서 빠져나온 물과 빗물이 고여 바다를 이루었어.

▲ 바다가 형성된 초기 지구의 모습(상상도)

 지구 내부도 서서히 식어서 맨틀은 단단한 고체로 변했어. 하지만 맨틀에 있던 마그마가 지각의 약한 틈을 뚫고 나오면서 화산 활동과 지각 변동이 여기저기서 일어났지. 이러한 과정을 거치면서 원시 지각은 거의 사라지고 오늘날의 지각이 만들어졌단다.

COMMENTS

 지각이 생겨난 과정을 직접 볼 수 있으면 좋을 텐데….

└ 타임머신이 있으면 가능하겠지.

└ 도착하는 즉시 마그마의 바다에 빠진다면…?

└ 그만! 상상도 하기 싫어.

6교시 | 지질 시대와 화석

어느 화석이 더 오래되었을까?

화석이 잔뜩 모여 있어!

다들 신기하게 생겼네.

"고집불통!"

"심술쟁이!"

장하다와 허영심이 화석을 들고 말다툼을 하고 있는데, 용선생이 끼어들었다.

"워워. 수업도 시작하기 전에 무슨 일이니?"

"제 화석이 더 오래된 건데 하다가 자꾸 아니라고 우기잖아요."

허영심의 말에 장하다가 질세라 더 큰 소리로 말했다.

"아니거든. 내 화석이 더 오래되었거든."

"하하, 그런 문제였구나. 그렇다면 선생님이 판결해 주지. 둘 중에 더 오래된 화석은……."

"선생님, 뜸 들이지 말고 빨리요. 도대체 어떤 화석이 더 오래된 건가요?"

용선생이 아이들을 보며 씩 웃었다.

최초의 화석은 무엇일까?

"선생님이 답을 바로 알려주면 너무 싱겁잖니. 오늘은 지질 시대의 각 지층에서 어떤 화석을 발견할 수 있는지 함께 알아보자."

"선생님은 답을 바로 알려 주시는 경우가 없다니까."

왕수재가 투덜대자 나선애가 말했다.

"저는 궁금해요. 지난번에 고생대, 중생대, 신생대에 대해서 배웠지만, 각각의 지층에서 어떤 화석이 나오는지는 알아보지 않았잖아요."

"하하, 아주 좋은 자세야. 사실 선생님이 오늘을 위해 아껴 두었지. 그러면 최초의 화석부터 순서대로 알아볼까?"

아이들이 작은 목소리로 "네." 하고 대답했다.

"선캄브리아 시대의 지층에서는 화석이 거의 발견되지 않는다고 했지? 과학자들은 당시에 살던 생물이 없거나 아주 적어서 그렇다고 추측하고 있지. 또 화석이 있었다 하더라도 오랜 시간 동안 지각 변동을 받으면서 거의 사라졌을 거야."

"아, 지난 시간에 배운 게 기억나요."

나선애가 노트를 뒤적이며 말했다.

▲ **스트로마톨라이트** 남세균의 일부와 모래 알갱이 등이 함께 층층이 쌓인 거야.

"선캄브리아 시대의 대표적인 화석으로 스트로마톨라이트가 있어."

"스트로마…… 어휴, 무슨 이름이 이렇게 어려워요?"

"하하, 스트로마톨라이트는 바다에 살던 남세균이라는 생물이 만들어낸 화석이야. 남세균은 세포 하나로 이루진 생물로 바다에 살면서 광합성을 했어. 광합성은 생물이 물과 이산화 탄소, 햇빛을 이용해 영양분을 만드는 일인데, 이 과정에서 산소가 발생하지."

"산소요? 산소는 우리가 숨 쉴 때 필요한 거잖아요."

"맞아. 당시 지구의 공기에는 산소가 없었어. 남세균이 광합성을 하면서 지구에 산소가 생기기 시작했단다."

"우아, 산소를 만들어냈다니! 남세균이 굉장한 일을 했군요."

나선애가 흥분하며 크게 말했다.

"맞아. 한편 선캄브리아 시대가 끝나갈 무렵에 바닷속에

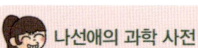

나선애의 과학 사전

세포 생물의 몸을 이루는 기본 단위를 말해.

▲ **선캄브리아 시대 생물의 화석** 여러 개의 세포로 이루어진 '디킨소니아'라고 하는 생물의 화석이야. 크기는 몇 mm에서 1m 이상인 것까지 다양해.

서 여러 개의 세포로 이루어진 좀 더 복잡한 생물도 나타나기 시작했단다."

용선생은 물을 한 모금 마시고 말했다.

"이제 다음 시대로 넘어가 볼까?"

"네, 얼른 고생대에 대해 알아봐요."

"고생대가 시작되면서 생물 종류가 폭발적으로 늘어났어. 이때에도 생물들은 여전히 바닷속에서 살았단다."

"왜요? 육지에서 살 수 없는 이유라도 있었나요?"

"태양에서는 자외선이라고 하는 빛이 나오는데, 이 빛은 생물에게 무척 해로워. 그래서 자외선이 그대로 전달되는 육지에서는 생물이 살 수 없었어. 바닷속은 바닷물이 자외선을 막아 주기 때문에 생물이 살 수 있었지."

 용선생의 과학 현미경

자외선은 눈으로 볼 수 없는 빛의 한 종류야. 피부를 태우는 정도로 약한 자외선도 있고, 세포나 세균을 죽일 정도로 강한 자외선도 있어.

"아, 자외선 때문에 바닷속에서만 살았군요."

곽두기가 손가락을 탁 튕기며 말했다.

"응. 당시에는 지구 전체에 걸쳐 얕은 바다가 많았고, 이 얕은 바다를 중심으로 다양한 생물 종류가 나타났어. 주로 딱딱한 껍데기가 있는 생물이지. 고생대 지층 전체에 걸쳐 발견되는 대표적인 화석은 삼엽충 화석이야."

"삼엽충은 고생대에 나타난 생물이군요. 삼엽충 말고 또 어떤 생물이 나타났어요?"

"고생대 중기에 접어들면서 갑주어와 같은 초기 어류, 그러니까 물고기 종류가 나타났어."

"우아, 물고기가 나타났군요."

왕수재가 눈을 크게 뜨며 말했다.

"한편 선캄브리아 시대부터 남세균 등이 만들어낸 산소가 공기 중에 많아지면서 오존층이 만들어졌어. 오존은 산소

> **용선생의 과학 현미경**
>
> 오존층은 오존이라는 기체로 이루어져 있고, 땅에서 약 25 km 높이에 있어. 오존층은 태양에서 오는 자외선 중 생물에게 해로운 자외선은 대부분 흡수하고, 그리 해롭지 않은 자외선은 통과시켜.

▲ **삼엽충 화석** 삼엽충은 오늘날의 새우나 곤충과 비슷하게 몸이 여러 개의 마디로 이루어진 동물이야. 납작한 몸은 머리, 가슴, 꼬리 세 부분으로 이루어져 있고 등 부분에는 딱딱한 껍데기가 있어.

▲ **갑주어 화석** 단단한 비늘과 딱딱한 껍데기로 이루어진 어류를 통틀어 갑주어라고 해.

가 변해서 만들어진 기체거든. 이렇게 만들어진 오존층은 태양에서 오는 해로운 자외선을 막을 수 있어서 생물이 육지에 살 수 있는 환경이 만들어진 거야."

"드디어 생물이 육지에도 살 수 있겠네요."

허영심이 방긋 웃으며 말했다.

"맞아. 고생대 중기부터 육지에 식물이 나타났고, 물과 땅을 오가는 초기 양서류도 나타나기 시작했어. 고생대 후기에 이르면 곤충 종류도 아주 많아지지."

"육지에 나타난 식물은 어떤 거예요?"

"고사리 같은 양치식물이야. 양치식물이 육지의 늪지대를 중심으로 거대한 숲을 이루었고 광합성을 하면서 산소를 많이 내보냈어. 공기 중 산소는 더욱 많아졌고, 그에 따라 오존층도 더 두꺼워졌지."

"육지에 다양한 생물이 살 수 있는 조건이 점점 더 갖추어져 가는군요."

나선애가 노트에 밑줄을 그으며 말했다.

"맞아. 그런데 말이야, 지난번에 말했듯이 고생대 말에는 지각 변동이 심하게 일어나면서 얕은 바다가 많이 사라졌단다. 그래서 그곳에 살던 삼엽충을 비롯한 다양한 생물이 살 곳을 잃고 멸종하고 말았지."

용선생의 과학 현미경

양서류는 오늘날의 개구리, 두꺼비와 같은 동물 종류를 말해. 어릴 때는 물속에서 아가미로 숨을 쉬며 살고, 성장하면 육지에서 폐와 피부로 호흡하며 살아.

용선생의 과학 현미경

양치식물은 꽃을 피우지 않고, 씨 대신 포자라는 것을 이용해 자손을 남기는 식물이야. 식물은 보통 꽃가루받이를 통해 씨를 만드는데, 포자는 이러한 과정 없이 식물이 홀로 만들어 내는 거야.

"흠, 그 많던 생물들이 멸종해 버리다니……. 다시 들어도 놀라운 일 같아요."

> **핵심정리**
>
> 선캄브리아 시대의 지층에서는 화석이 거의 발견되지 않아. 고생대에는 삼엽충과 갑주어 등이 바다에 살았고, 초기 양서류도 나타났어. 육지에는 양치식물이 나타나 번성했지.

 ## 중생대와 신생대의 화석은?

"다음으로 중생대로 넘어가 보자."

"좋아요. 그때는 어떤 생물들이 살았나요?"

"너희가 좋아하는 공룡이 나타났지."

"우아, 드디어 공룡이 나오는군요. 크아앙."

장하다가 공룡 소리를 흉내 내며 말했다.

"하하, 중생대에는 화산 활동이 아주 활발했고, 바닷속 땅이 대규모로 갈라지는 일도 많았어. 화산이나 갈라진 땅에서는 이산화 탄소가 많이 나왔단다. 공기 중에 이산화 탄소가 많아지면 어떤 일이 생기는지 아니?"

"이산화 탄소가 많아지면요? 글쎄요……."

허영심이 고개를 갸웃했다.

"이산화 탄소는 지구에서 나온 열을 바깥으로 빠져나가지 못하게 하는 성질이 있어. 그래서 지구가 전체적으로 따뜻해진단다. '온실 효과'라고도 하지."

"아하, 이산화 탄소가 지구를 온실처럼 따뜻하게 만드는군요. 그렇다면 중생대도 꽤 따뜻했겠네요."

"맞아. 공룡 같은 파충류가 살기에 적합한 환경이었지. 또 바다에서는 암모나이트가 번성했어."

"식물은요?"

"식물은 고생대 말부터 나타난 은행나무 같은 겉씨식물이 번성했단다."

갑자기 용선생이 중대 발표라도 하는 듯 목소리를 낮춰 말했다.

 용선생의 과학 현미경

파충류는 공룡을 비롯해 오늘날의 거북, 도마뱀, 악어 같은 동물 종류야.

 용선생의 과학 현미경

겉씨식물은 꽃을 피우지 않고 씨를 만드는 식물을 말해. 은행나무, 소나무 등이 있어.

▲ **암모나이트 화석** 암모나이트는 껍데기는 앵무조개와 비슷하고 몸은 오징어와 비슷한 동물이야.

▲ 중생대의 은행나무 잎 화석(왼쪽)과 오늘날의 은행나무 잎(오른쪽)

▲ **시조새 화석** 이빨, 꼬리뼈, 앞발 등은 파충류와 비슷하고 깃털과 머리 구조는 새와 비슷해.

"중생대 화석 중 신기한 걸 하나 소개할게. 이 사진을 봐."

"어? 뼈 주변에 가느다란 털 같은 게 보여요."

"아주 잘 봤어. 이건 시조새 화석이야. 시조새는 새의 조상이라는 뜻인데, 파충류의 특징과 새의 특징을 모두 갖고 있지."

"으흠, 그럼 곧이어 새 종류도 나타났겠네요."

"맞아. 새 종류를 조류라고 해. 이 시기에는 조류뿐 아니라 포유류의 조상도 나타나기 시작했어."

"하지만 운석 충돌로 많이들 멸종해 버렸죠."

허영심이 안타깝다는 듯이 말했다.

"그래. 특히 암모나이트와 공룡 등이 거의 멸종했어. 하지만 여기서 살아남은 생물들은 다음 시대에 번성했단다."

"다음 시대는 신생대죠? 어떤 생물들이 번성했나요?"

"신생대의 생물 종류는 오늘날과 무척 비슷해. 중생대 말부터 나타난 속씨식물이 번성했고, 이걸 먹고 사는 조류와 포유류가 번성했어. 화석으로 많이 발견되는 포유류로는 매머드가 있어."

용선생의 과학 현미경

조류는 흔히 새라고 부르는 동물 종류를 통틀어 이르는 말이야. 몸이 깃털로 덮여 있고, 대부분 날 수 있어.

포유류는 코끼리, 말, 개 등 젖을 먹여 새끼를 키우는 동물 종류를 말해.

용선생의 과학 현미경

속씨식물은 겉씨식물과는 달리 꽃을 피워 씨를 만드는 식물을 말해. 옥수수, 백합, 진달래, 참나무 등 오늘날 식물의 약 $\frac{9}{10}$를 차지해.

◀ **화폐석 화석** 화폐석은 세포 한 개와 단단한 껍데기로 이루어진 생물이야. 동전처럼 생겨서 화폐석이라는 이름이 붙었지. 작은 동전 크기부터 수 cm(센티미터)에 이르는 것까지 크기가 다양해.

"그러면 바다에서는요?"

"얕은 바다에서 화폐석이라는 생물이 번성했어. 지금은 모두 멸종해 버렸지만 말이야."

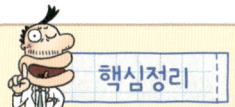

중생대에는 파충류와 암모나이트, 겉씨식물 등이 번성했어. 신생대에는 조류와 포유류, 속씨식물, 화폐석 등이 번성했어.

 **화석으로 이런 걸 알 수 있어!**

용선생은 손뼉을 짝 치고는 말했다.

"자, 그러면 오늘 배운 지질 시대와 화석을 정리해 보자. 먼저 고생대를 대표하는 화석은 어떤 게 있었지?"

"삼엽충 화석이요."

"그렇지. 바꿔 말하면 삼엽충 화석이 나오는 지층은 고생대에 만들어졌다는 뜻이야. 이렇게 특정한 시기의 지층에서만 발견되어서 화석이 포함된 지층의 지질 시대를 알 수 있게 해 주는 화석을 표준 화석이라고 해. 그러니까 삼엽충 화석은 고생대의 표준 화석이야. 갑주어 화석도 고생대의 표준 화석이지."

"오호, 표준 화석을 알면 아주 요긴하겠네요."

▲ 지질 시대별 대표적인 표준 화석

"응. 지질 시대의 생물 중 살던 기간이 특정 시기로 짧고 살던 지역이 넓으며 수가 많은 생물의 화석은 표준 화석으로 쓰일 수 있어."

"그렇군요. 그러면 중생대에는 공룡이 많았으니까 중생대의 표준 화석은 공룡 화석이겠네요?"

"맞아. 또 바다에 많이 살던 암모나이트의 화석도 중생대의 표준 화석이야."

"그러면 신생대의 표준 화석은 뭐가 있어요?"

"화폐석 화석과 매머드 화석이 있지."

아이들이 고개를 끄덕이자 용선생이 계속 말했다.

"한편 지층이 만들어질 당시의 환경을 알려 주는 화석도 있어. 이런 화석은 시상 화석이라고 해."

"시상 화석이요? 어떤 게 있는데요?"

"아주 오래된 지층에서 오늘날에도 살고 있는 생물의 화석이 발견되는 경우가 있어. 이처럼 생존 기간이 긴 생물 중에는 사는 환경이 딱 정해져 있어서 좁은 지역에만 사는 생물이 있지. 고생대에 처음 나타나 지금도 살고 있는 산호와 고사리처럼 말이야."

"산호와 고사리가 그렇게 옛날부터 있었군요."

"그렇단다. 이런 생물의 화석이 시상 화석으로 쓰이지."

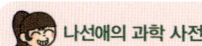

나선애의 과학 사전

시상 화석 알릴 시(示) 도울 상(相) 화석. 과거의 환경을 구체적으로 아는 데에 도움이 되는 화석을 말해.

"시상 화석에 대해 좀 더 자세히 알려 주세요."

"먼저 산호는 얕고 따뜻한 바닷속에서 살아. 그러니까 산호 화석이 나오는 지역은 과거에 얕고 따뜻한 바닷속이었다는 걸 알 수 있지."

"그렇군요. 고사리는요?"

"고사리는 따뜻하고 습한 육지에 사는 식물이야. 그러니 고사리 화석이 나오는 지역은……."

"과거에 따뜻하고 습한 육지였죠."

"하하, 맞아. 이제 표준 화석과 시상 화석이 무엇인지 잘 알겠지?"

▲ 산호 화석

▲ 오늘날의 산호

▲ 고사리 화석

▲ 오늘날의 고사리

용선생이 설명을 마무리하자 장하다가 말했다.

"근데요…… 제가 가지고 온 암모나이트 화석과 영심이가 가져온 삼엽충 화석은 둘 다 표준 화석이네요?"

"맞아."

"그렇다면 삼엽충 화석이 고생대 화석이고, 암모나이트 화석은 중생대 화석이니까…… 영심이가 가지고 온 삼엽충 화석이 더 오래된 거군요."

"하하, 이제 정확히 알게 되었구나."

"영심아, 미안해. 내가 제대로 알지도 못하면서 우기기만 했어."

장하다가 머리를 긁적이며 말하자 허영심도 손사래를 치며 말했다.

"아이, 괜찮아."

"이야, 오랜만에 하다와 영심이가 사이좋은 걸 보니 선생님도 기분이 좋은데. 오늘은 지층과 화석에 대한 수업을 모두 마친 기념으로 선생님이 쏜다!"

"오, 예! 선생님 최고!"

 핵심정리

표준 화석은 화석이 포함된 지층의 지질 시대를 알 수 있게 해 주는 화석이고, 시상 화석은 지층이 만들어질 당시의 환경을 알려 주는 화석이야.

나선애의 정리노트

1. 지질 시대별 화석

① 선캄브리아 시대
- 화석이 거의 발견되지 않음.
- ⓐ _____ 이 만들어낸 스트로마톨라이트 화석이 있음.

② 고생대
- 동물 화석: ⓑ _____ , 갑주어 번성. 초기 양서류 등장
- 식물 화석: 양치식물 번성

③ 중생대
- 동물 화석: 파충류, ⓒ _____ 번성. 시조새 등장
- 식물 화석: 겉씨식물 번성

④ 신생대
- 동물 화석: 조류, 포유류, ⓓ _____ 번성
- 식물 화석: 속씨식물 번성

2. 표준 화석과 시상 화석

① 표준 화석: 화석이 포함된 지층의 지질 시대를 알 수 있게 해 주는 화석

[예] 고생대: 삼엽충, 갑주어
중생대: 공룡, 암모나이트
신생대: 화폐석, 매머드

② 시상 화석: 지층이 만들어질 당시의 ⓔ _____ 을 알려 주는 화석

[예] 산호: 얕고 따뜻한 바다, 고사리: 따뜻하고 습한 육지

ⓐ 남세균 ⓑ 삼엽충 ⓒ 암모나이트 ⓓ 화폐석 ⓔ 환경

과학퀴즈 달인을 찾아라!

●정답은 119쪽에

01

친구들이 이번 시간에 배운 내용에 대해 이야기하고 있어. 옳으면 O, 옳지 않으면 X를 표시해 줘.

① 남세균은 광합성으로 산소를 만들어 냈어. (   )
② 고생대에는 생물 대부분이 육지에 살았어. (   )
③ 화폐석은 지금도 번성하고 있어. (   )

02

나선애가 미로를 통과하려고 해. 표준 화석들을 따라가면 출구를 찾을 수 있대. 나선애에게 올바른 길을 알려 줘.

용선생의 과학 카페 | 용선생의 한국사 카페 | 용선생의 세계사 카페

https://cafe.naver.com/yongyong

용선생의 과학 카페

과학계의 핵인싸,
용선생의 과학 카페에
오신 걸 환영합니다.

Log in

MENU

물리면 아프다
화학이 화하하
생물 오징어
지구는 둥글다

삼엽충과 암모나이트는 어떤 생물일까?

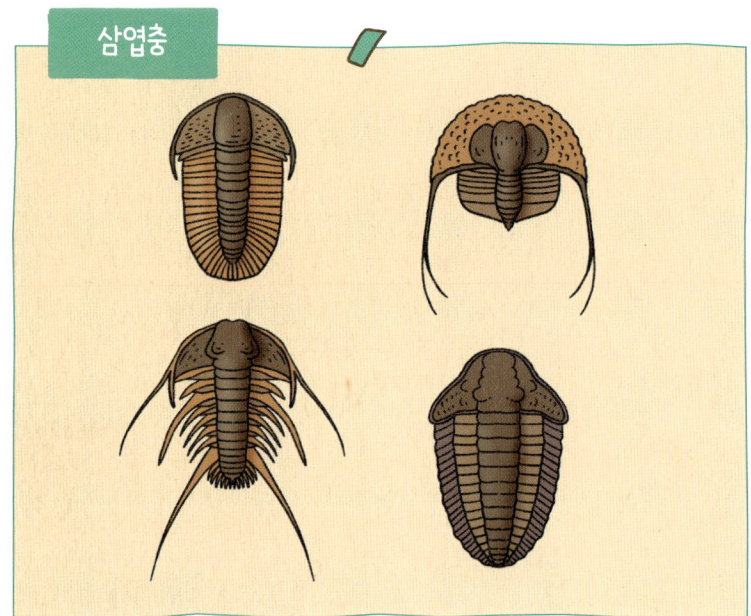
삼엽충

고생대 바다에서 번성한 동물로, 몸이 단단한 껍데기로 싸여 있고 마디가 여러 개 있어. 화석으로 밝힌 종류가 15,000종이 넘을 정도로 다양해.

삼엽충은 옆에서 보면 납작한 모양이야. 위에서 보면 왼쪽, 가운데, 오른쪽 세 부분이 뚜렷이 구분되지. 그래서 삼엽충이란 이름이 붙었단다.

크기는 1mm부터 70cm(센티미터)에 이르기까지 다양해. 몸을 동그랗게 말아 적의 공격을 피할 수 있었고, 새우처럼 물속을 떠다니거나, 바다 밑바닥을 기어 다녔을 것으로 추측하고 있어.

암모나이트

중생대 바다에서 번성한 동물로, 앵무조개와 비슷한 껍데기에 오징어와 비슷한 몸체로 이루어졌어. 밝혀진 종류는 10,000종이 넘어. 껍데기 안은 여러 개의 방으로 이루어져 있어. 입구 쪽 방에는 몸체가 들어 있고, 나머지 방은 물과 공기의 양을 조절해 물속에서 위아래로 움직이는 역할을 해. 크기는 몇 cm에서 2m가 넘는 것도 있어. 수염 모양의 촉수로 먹이를 잡아먹고 바닷속을 떠다니며 생활하였을 것으로 추측하고 있어.

▲ 암모나이트 내부 모양

- 장하다의 오답을 피하는 방법
- 나선애의 야무진 실험실
- 왕수재의 아는 척 과학교실
- 허영심의 별 헤는 밤
- 곽두기의 빅뱅 따라잡기

COMMENTS

- 암모나이트는 맛도 오징어랑 비슷할까?
  - 우웩. 저 모습을 보고도 먹을 생각이 드니?
  - 왜? 정글에 가면 벌레도 많이 잡아먹던데.
  - 제발! 이것도 상상하기 싫어.

가로세로 퀴즈

지층과 화석에 관한 가로세로 퀴즈야. 빈칸을 채워 봐.
띄어쓰기는 무시해도 돼.

가로 열쇠	① 새의 조상이라는 뜻으로, 파충류의 특징과 조류의 특징을 모두 가지는 동물 ② 지각이 위아래로 움직이거나 구부러지는 현상 등 지각이 움직이면서 일어나는 여러 가지 현상 ③ 강 상류에서 빠른 물살에 땅이 깎여 자갈, 모래, 진흙 같은 작은 알갱이들이 생겨나는 작용 ④ 오래된 생물 시대라는 뜻으로, 현생 누대의 첫 번째 대 ⑤ 지구의 지각을 이루는 단단한 물질 ⑥ 현생 누대 이전의 시생 누대와 원생 누대를 묶어 이르는 말 ⑦ 주로 진흙이 퇴적되어 만들어진 퇴적암 ⑧ 삼엽충 화석, 공룡 화석처럼 화석이 포함된 지층의 지질 시대를 알게 해 주는 화석
세로 열쇠	❶ 지구 내부 구조 중 가장 바깥쪽 부분 ❷ 새라고 부르는 동물 종류를 통틀어 이르는 말 ❸ 강 하류에서 퇴적물이 바닥에 쌓이는 작용 ❹ 지구가 생겨난 때부터 오늘날에 이르는 기간을 통틀어 이르는 말 ❺ 원래 있던 암석이 열과 누르는 힘을 받아 성질이 변한 암석 ❻ 꽃을 피워 씨를 만드는 식물 ❼ 따뜻하고 습한 육지에 사는 양치식물로, 시상 화석으로 사용되는 식물 ❽ 중생대 표준 화석 중 하나로, 바다에서 번성한 생물 ❾ 당시의 환경을 알려 주는 화석

●정답은 119쪽에

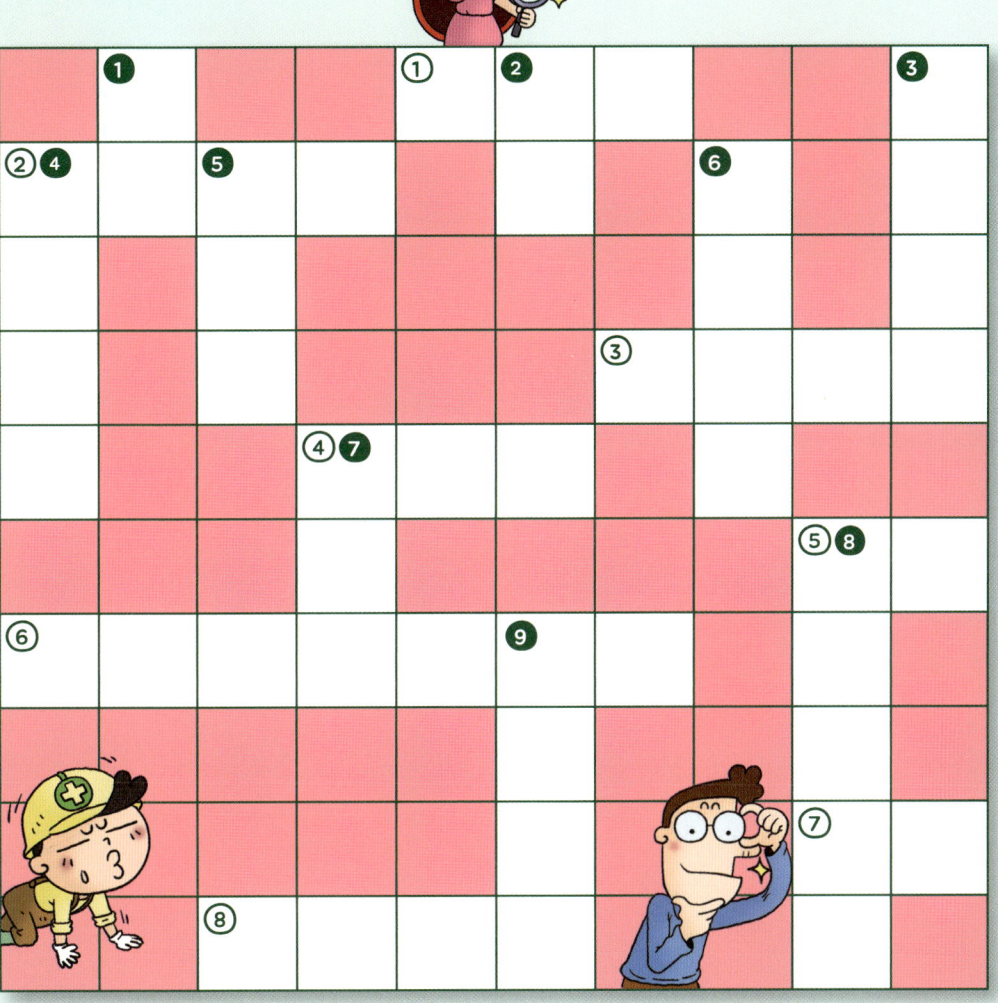

교과서 속으로

> 교과서에서는 어떻게 배울까?

초등 4학년 1학기 과학 | **지층과 화석**

지층을 관찰해 볼까?

- **지층**
  - 자갈, 모래, 진흙 등으로 이루어진 암석들이 층을 이루고 있는 것
  - 산기슭, 바닷가 절벽 등에서 볼 수 있다.

- **여러 지층의 모양 비교**
  - 공통점: 줄무늬가 보인다. 여러 층으로 이루어져 있다.
  - 차이점: 층의 두께와 색깔이 다르다. 지층의 모양이 서로 다르다.

 지층이 힘을 받으면 끊어지거나 휘어지지.

초등 4학년 1학기 과학 | **지층과 화석**

화석은 어떻게 만들어질까?

- **화석 모형과 실제 화석의 비교**
  - 공통점: 모양과 무늬가 같다.
  - 차이점: 실제 화석이 더 단단하고 색깔과 무늬가 선명하다. 실제 화석은 만들어지는 데 오랜 시간이 걸린다.

- **화석이 만들어지는 과정**
  - 호수나 바다 밑에서 생물 위에 퇴적물이 계속해서 쌓이면, 단단한 지층이 만들어지고 그 속에 묻힌 생물이 화석으로 만들어진다.

 단단한 부분이 있어야 화석이 되기 좋아!

| 초등 4학년 1학기 과학 | 지층과 화석 |

화석은 어디에 이용될까?

- 화석을 연구하는 과학자들이 하는 일
  - 화석을 연구하여 여러 가지를 알아낸다.
  - 발굴된 화석을 복원하여 전시하기도 한다.

- 화석의 이용
  - 옛날에 살았던 생물의 생김새와 생활 모습을 알 수 있다.
  - 화석이 나오는 지역의 과거 환경을 짐작할 수 있다.
  - 지층이 쌓인 시기를 알 수 있다.

 화석은 지층에서 발견된다는 사실!

 교과서랑 똑같네!

| 중 1학년 과학 | 지권의 변화 |

퇴적암

- 퇴적물이 다져지고 굳어져 만들어진 암석

- 만들어지는 과정
  - 지표면의 암석이 침식 작용을 받는다. → 잘게 부서진 조각인 퇴적물로 변한다. → 흐르는 물과 바람, 빙하 등을 따라 운반된다. → 낮은 곳의 안정한 장소에서 퇴적물이 바닥에 쌓인다. → 퇴적물이 다져지고 굳어져 퇴적암이 된다.

- 지층을 이루고, 화석이 발견되기도 한다.

 다 배운 내용이네! 중학교 과학도 문제없겠어!

찾아보기

갑주어 100, 106
겉씨식물 103
고사리 101, 107-108
고생대 82, 84-87, 97, 99-101, 103, 105-107, 109, 112
고인돌 32
공룡 29-30, 36, 38-39, 68-69, 71-72, 78-79, 82-84, 87-88, 102-104, 107
남세균 98, 100
대리암 50
마그마 48, 53, 60, 67-68, 92-93
매머드 31, 34, 104, 107
미생물 33-35
변성암 48-50, 53, 61
분해 33
사암 54-55
산호 56, 107-108
삼엽충 68-69, 71-72, 79, 100-101, 105-106, 109, 112
상류 17, 50
석회암 56-57
선캄브리아 시대 81, 84-85, 97-98, 100
속씨식물 104
송진 31, 34
스트로마톨라이트 98
시상 화석 107-108
시조새 104
신생대 80, 82, 84-86, 88, 97, 104, 107

암모나이트 79, 103-104, 107, 109, 113
암석 29, 47-49, 52-53, 56, 60-61, 67
압력 61
양서류 101
양치식물 101
어류 100
역암 54-55
오존층 100-101
용암 48, 53, 60
운반 작용 18
운석 87-89, 104
이리듐 88
이암 54-57
자외선 99-101
조개 39, 56
조류 104
중생대 82, 84-89, 97, 102-104, 107, 109, 113
쥐라기 82
지각 47, 92-93
지각 변동 66, 85-87, 93, 97, 101
지질 시대 79-81, 83, 85, 97, 105-106
지표면 48, 87, 89, 93
지형 48
침식 작용 17
퇴적 작용 18-19
퇴적물 18, 33, 35-37, 51, 66, 68,

88
퇴적암 47-48, 50-56
파충류 103-104
편마암 50
포유류 104
표준 화석 106-109
하류 17-19, 50
현무암 49, 60
현생 누대 80-82
호박 31-32, 34
화강암 49, 60
화산재 34, 86
화성암 48-49, 53, 60, 68, 71
화폐석 105, 107

퀴즈 정답

1교시

01 ① X ② O ③ X

02
> 보기
> 강 상류에서는 주로 (침식) 작용으로 작은 알갱이들이 생겨나.
> 이 알갱이들이 강물을 타고 하류 쪽으로 움직이는 것을 (운반) 작용이라고 해.
> 알갱이들이 강 하류에 도착하면 바닥에 쌓이는 (퇴적) 작용이 일어나.

참	석	침	첨	운
퇴	석	식	슥	분
슥	삭	온	운	반
퇴	태	번	은	빈
전	적	운	정	퇴

2교시

01 ① X ② X ③ O

02

3교시

01 ① ○ ② ✕ ③ ○

02

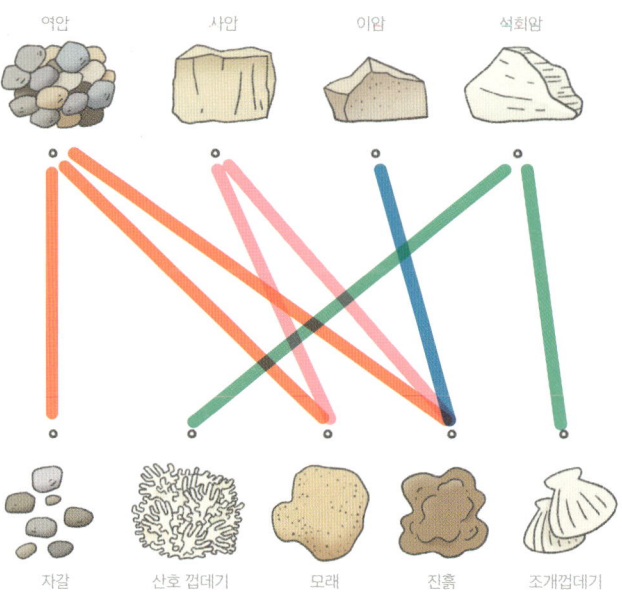

4교시

01 ① ✕ ② ✕ ③ ○

02

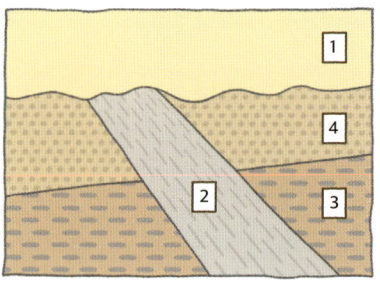

👉 알았다! 비밀번호는 3 4 2 1 이야!

5교시

01 ① ✕ ② ✕ ③ ○

02

> 보기
>
> 지질 시대는 크게 선캄브리아 시대와 (현생 누대)로 나눌 수 있어. 현생 누대는 오래된 순서대로 (고생대), 중생대, (신생대)로 나뉘고, 각 대는 다시 여러 (기)로 나뉘지.

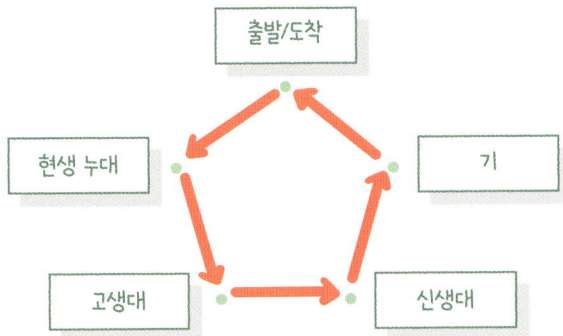

6교시

01 ① ○ ② ✕ ③ ✕

02

가로세로 퀴즈

	❶지			①시	❷조	새		❸퇴
②❹지	각	❺변	동		류		❻속	적
질		성					씨	작
시		암			③침	식	작	용
대			④❼고	생	대		물	
			사				⑤❽암	석
⑥선	캄	브	리	아	⑨시	대	모	
					상		나	
					화		⑦이	암
		⑧표	준	화	석		트	

일러두기

- 맞춤법과 띄어쓰기는 국립국어원에서 펴낸 《표준국어대사전》을 따랐습니다.
- 과학 용어 표기는 《2015 개정 교육과정에 따른 교과용도서 개발을 위한 편수자료Ⅲ 기초과학, 정보 편》을 따랐습니다.
- 이 책에 실린 사진은 저작권자로부터 사용 허가를 받았습니다. 저작권자와 접촉하기 위해 최선을 다했으나 불가피한 사정으로 사용 허가를 받지 못한 일부 사진에 대해서는 저작권자와 연락이 닿는 대로 게재 허락을 받고 사용료를 지불하겠습니다.
- 이 책에 실린 그림의 저작권은 별도의 표기가 없는 한 사회평론에 있습니다.

사진 제공

12쪽: Byungjoon Kim(wikimedia commons_CC2.0) | 31쪽: Agencja Fotograficzna Caro(Alamy Stock Photo) | 56쪽: SINCLAIR STAMMERS(Science Photo Library) | 76-77쪽: Vance Crofoot(Alamy Stock Photo) | 88쪽: Hi-Res Images of Chemical Element(wikimedia commons_CC3.0) | 99쪽: Verisimilus at English Wikipedia(wikimedia commons_CC3.0) | 100쪽: James St. John(wikimedia commons_CC2.0) | 그 외: 셔터스톡

용선생의 시끌벅적 과학교실 | 지층과 화석

1판 1쇄 발행	2022년 7월 26일
1판 4쇄 발행	2025년 1월 6일
글	김형진, 이명화, 설정민
그림	조현상(매드푸딩스튜디오), 김지희
감수	맹승호
캐릭터	이우일
어린이사업본부	이승필
책임편집	이은일
편집	정세민, 이명화, 홍지예, 김미화, 최예리, 윤성진
마케팅	윤영채, 정하연, 안은지, 박찬수
경영지원본부	나연희, 주광근, 오민정, 정민희, 김수아, 김승현
아트디렉터	강찬규
디자인	디자인서가
사진	포토마토
펴낸이	윤철호
펴낸곳	(주)사회평론
전화	02-326-1182
팩스	02-326-1626
주소	03993 서울시 마포구 월드컵북로6길 56 사평빌딩
출판등록	1993년 10월 6일 제 10-876호

ⓒ 사회평론, 2022

ISBN 979-11-6273-233-5 73400

- 이 책 내용의 일부나 전부를 다시 사용하려면 저작권자와 사회평론의 동의를 받아야 합니다.
- 잘못 만들어진 책은 바꾸어 드립니다.

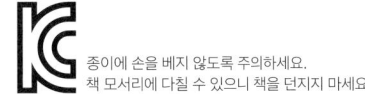

종이에 손을 베지 않도록 주의하세요.
책 모서리에 다칠 수 있으니 책을 던지지 마세요.